Tobias Klee

AF568329

BUMM! KLACK! TSCH!

Rhythmus kreativ!

Übungen und Arrangements zum Musizieren mit Alltagsgegenständen

Verlag an der Ruhr

Impressum

Titel

BUMM! KLACK! TSCH! – Rhythmus kreativ!

Übungen und Arrangements zum Musizieren mit Alltagsgegenständen, inkl. Videos zur Veranschaulichung

Autor

Tobias Klee

Fotos

Tobias Klee

Videos

Produzent: Michael Schorlepp und Tobias Klee

Druck

AZ Druck und Datentechnik GmbH, Kempten, DE

Verlag an der Ruhr
Mülheim an der Ruhr
www.verlagruhr.de

Geeignet für die Klassen 1–10

Urheberrechtlicher Hinweis

Das Werk und seine Teile sind urheberrechtlich geschützt. Jede Verwendung in anderen als den gesetzlich zugelassenen Fällen bedarf der vorherigen schriftlichen Einwilligung des Verlages. Der Verlag untersagt ausdrücklich das Herstellen von digitalen Kopien, das digitale Speichern und Zurverfügungstellen dieser Materialien in Netzwerken (das gilt auch für Intranets von Schulen und sonstigen Bildungseinrichtungen), per E-Mail, Internet oder sonstigen elektronischen Medien außerhalb der gesetzlichen Grenzen.
Keine gewerbliche Nutzung.
Näheres zu unseren Lizenzbedingungen können Sie unter http://www.verlagruhr.de/lizenzbedingungen/ nachlesen.
Bitte beachten Sie die Informationen unter www.schulbuchkopie.de.

Soweit in diesem Produkt Personen fotografisch abgebildet sind und ihnen von der Redaktion fiktive Namen, Berufe, Dialoge u. Ä. zugeordnet oder diese Personen in bestimmte Kontexte gesetzt werden, dienen diese Zuordnungen und Darstellungen ausschließlich der Veranschaulichung und dem besseren Verständnis des Inhalts.

Der Anbieter behält sich eine Nutzung der Inhalte für Text und Data Mining im Sinne § 44b UrhG ausdrücklich vor.

QR Code is registered trademark of DENSO WAVE INCORPORATED.

© 2024, Verlag an der Ruhr, Wilhelmstr. 20, 45468 Mülheim an der Ruhr

ISBN 978-3-8346-6664-2

Inhaltsverzeichnis

Kapitel 5:
Rhythmus-Workshop in der Schulpraxis

Kapitel 6:
Rhythmische Arrangements im Percussionenensemble

Kapitel 7:
Spiel-Stücke mit verschiedenen Alltagsgegenständen (für Fortgeschrittene)

Download- und Streaming-Material

Download-PDF (36 Seiten) mit Notenblättern sowie 17 Videoclips zum Anschauen und Nachmachen

Ihr persönlicher Zugang zum Download:

https://cloud.verlagruhr.de/login-lerninhalt/KbZiFcpnkIkH

Passwort: **Rhythmus**

Wenn Sie die Materialien auf Ihrem mobilen Endgerät (Handy, Tablet) aufrufen möchten, scannen Sie den QR-Code ab und öffnen Sie die Dateien. Sollte der Link fehlerhaft sein, wenden Sie sich bitte an: digitaleslernen@verlagruhr.de

Vorwort

Dieses Buch richtet sich in erster Linie an alle, die mit rhythmisch interessierten Kindern, Jugendlichen und Erwachsenen arbeiten möchten und dabei selbst – im Sinne des Buches – rhythmischem Tun und neuen rhythmischen (Lern-)Erfahrungen positiv, also neugierig und motiviert gegenüberstehen.

Die Auseinandersetzung mit den praxiserprobten Übungen soll Ihnen ermöglichen, Rhythmen auf möglichst kreative Art und Weise ganzheitlich wahrzunehmen sowie auf „Körperschlagzeug" und „Alltags-Percussioninstrumenten" umzusetzen und präsentieren zu können. Das zugrunde liegende rhythmische Konzept, das „Groove-Prinzip", ist als Impuls zu sehen, damit Sie selbsttätig rhythmisch-musikalische Erfahrungen machen und somit zunächst Ihr eigenes rhythmisches Repertoire erweitern können – kleinschrittig vom Einfachen zum Komplexen. Darüber hinaus regt die Arbeit mit dem Buch zur handlungsorientierten Weitergabe dieser Erfahrungen an.

Das Buch zeigt ...

- *warum* das „Groove-Prinzip" in der Schule seinen Platz haben sollte.
- *wie* Sie auch als fachfremde Lehrkraft eine „Rhythmusgruppe" leiten und dabei selbst Spielfreude entwickeln können.
- *welche* Grundlagen Sie benötigen, um als Übungsleiter*in[1] bzw. „Lehrer*in" einer Rhythmusgruppe das rhythmische Spiel mit Körper- und Alltagsinstrumenten zu „arrangieren".

Wenn Sie in einem pädagogischen Beruf engagiert sind und kreativ „rhythmisch" arbeiten möchten, finden Sie hier somit eine Fülle von Impulsen vor, die Ihre rhythmisch-musikalische Arbeit bereichern werden. Die grundlegenden Übungen und Spiele des Buches sind bereits ab der 1. Klasse spielend zu bewältigen. Komplexere Percussion-Arrangements finden auch Spielbegeisterte in der Sekundarstufe I. Diese können von Ihnen als Übungsleiter*in nach dem Baukastenprinzip immer wieder selbst kreativ auf die eigene Spielgruppe zugeschnitten werden.

Das Buch ist folgendermaßen aufgebaut: Kapitel 1 und 2 geben Ihnen einen Einblick, wie Rhythmen uns im Alltag begegnen und inspirieren können – vom eigenen Rhythmus bis hin zu kreativen Rhythmusensembles, wie „Stomp" u. a.

[1] Der Verlag an der Ruhr legt großen Wert auf eine geschlechtergerechte und inklusive Sprache. Daher nutzen wir neutrale Formulierungen oder das Gendersternchen, um alle Menschen unabhängig von Geschlecht oder Geschlechtsidentität einzuschließen. In Texten für Schüler*innen finden sich aus didaktischen Gründen neutrale Begriffe bzw. Doppelformen.

In Kapitel 3 zeige ich, welche rhythmischen Bausteine Sie benötigen, um entsprechende Unterrichtsstunden oder auch eine bühnenreife Performance zu gestalten. Ebenso vermittle ich grundlegende Rhythmusspiele für Übungsleiter*innen und Schüler*innen. In Kapitel 4 stelle ich verschiedene „Alltagsinstrumente" vor und gebe auch Tipps zur Materialiensuche und zu Spieltechniken. Viele Praxisbeispiele enthalten Kapitel 5 und 6, u.a. auch Ideen, Rhythmen mit dem „Rhythmusbaukasten" selbst zu entwickeln sowie erste Percussion-Arrangements. In Kapitel 7 finden Sie viele Rhythmus-Arrangements unterschiedlicher Schwierigkeitsgrade und für verschiedene Instrumentenkombinationen. Die Noten sind im Buch verkleinert abgedruckt. Sie haben jedoch die Möglichkeit, sie über den Link am Ende des Inhaltsverzeichnisses kostenlos herunterzuladen. Zudem können Sie per QR-Code zahlreiche Videos aufrufen, die Sie bei der Erarbeitung rhythmischer Spiel-Grundlagen unterstützen sollen. Mit deren Hilfe gelingt Ihnen die Umsetzung spielend leicht.

Beim rhythmischen Tun wünsche ich Ihnen viel Freude!

Tobias Klee

Danksagung

Für die Geduld, Unterstützung und hilfreichen Impulse danke ich meiner Familie, meinen Freunden sowie allen Kindern und Lehrkräften, die mich auf vielen rhythmischen Wegen begleitet haben, der Firma „Schlagwerk Percussion" und schließlich dem gesamten Verlagsteam.

Für Jonas und Lukas

Tobias Klee, Jahrgang 1974, ist Lehrer und Schulleiter an einer Grundschule, Mitglied der Landesfachkonferenz und Lehrplankommission Musik (Saarland), Percussion-Lehrer für Kinder, Jugendliche und Erwachsene, Referent in der Lehreraus- und -weiterbildung (Bereich: Elementare Schulpädagogik und Rhythmik) und begeisterter Schlagzeuger in verschiedenen musikalischen Projekten.

Fotostudio Kraus

1. Am Anfang steht der rhythmische Impuls:

Der eigene Rhythmus und äußere Inspirationsquellen

Dem eigenen Rhythmus auf der Spur

Bei dem Wort „Rhythmus“ denken viele Menschen zunächst vielleicht an bestimmte Rhythmusinstrumente, wie Schlagzeug, Djembe, Cajon, Shaker u. a. Rhythmus beschränkt sich jedoch nicht nur auf traditionelle Percussioninstrumente.

*Jede*r hat Rhythmus im Blut, Rhythmus ist Bewegung.*

Unser Leben ist von zahlreichen Rhythmen erfüllt – nicht nur in musikalischer Hinsicht. Nehmen Sie sich nur ein wenig Zeit, um **diese Rhythmen bewusst wahrzunehmen**. Tages- und Nachtzeiten, der Jahreskreis sowie der menschliche Lebenszyklus von der Geburt bis zum Tod folgen beispielsweise ganz bestimmten rhythmischen Mustern. Dies sind sogenannte „natürliche Rhythmen“. Wir sprechen vom „Herzrhythmus“ oder davon, dass wir erst „in den richtigen Rhythmus“ kommen müssen, damit wir eine Tätigkeit problemlos ausführen können.

Musik und Rhythmus sind überall wahrzunehmen. Um den eigenen Rhythmus zu spüren und Musik als genussvoll zu empfinden, ist es wichtig, bewusst „hin- und zuzuhören“, sich rhythmischen Impulsen zu öffnen und die eigenen kreativen Fähigkeiten zu entfesseln. Oft muss dies jedoch, gerade in einer schnelllebigen Zeit wie der heutigen, erst wieder gelernt werden.

Grundlage jeder rhythmischen Arbeit: Entdecke deinen eigenen Rhythmus!

Jeder Mensch trägt eine Art **rhythmisches „Urwissen“** in sich. Zeit, Konzentration und Muße sind wesentliche Schlüssel, die individuellen rhythmischen Fähigkeiten aus dem Verborgenen zu holen. Um Rhythmen ganz individuell – allein oder in einer Spielgruppe – zu entdecken, sind darüber hinaus **Kreativität und Spielfreude** gefragt. Kreativ sein bedeutet, auch ungewöhnliche Wege zu gehen; so z. B. in der Wahl der Rhythmusinstrumente. Aus Alltagsgegenständen oder Naturmaterialien lassen sich z. B. zahlreiche Musik- und Rhythmusinstrumente selbst herstellen. Ein sich anschließendes freies Erproben und Bespielen dieser „Instrumente" fördert Spontaneität, Kreativität und Spielfreude. Dies motiviert „Schüler*innen" (bzw. Rhythmiker*innen) und bildet den Ausgangspunkt für zielorientiertes und diszipliniertes Arbeiten.

Rhythmus ist ein musikalischer Baustein, der ***Orientierung und Ordnung*** *gibt – in der Musik wie in unserem Leben!*

Melodie, Harmonie und letztlich Rhythmus sind immer grundlegende Bausteine von Musik jeder Art und jeden Stils. Musik ohne Rhythmus ist keine Musik. Jedem Rhythmus – sowohl in der Musik als auch in der Natur oder in uns selbst – liegt ein bestimmter **gleichmäßiger Puls(-Schlag)** zugrunde. Dieser „Grundpuls" beeinflusst den Rhythmus und kann mal schneller oder mal langsamer sein (Spieltempo). Dadurch empfinden wir z. B. ein Musikstück als eher „lebhaft" oder eher „ruhig". Rhythmus und Zeit stehen in enger Wechselwirkung zueinander und bedingen sich gegenseitig. Das bewusste Wahrnehmen und kontinuierliche Einhalten des korrekten „Timings" – das heißt, ein (Zeit-)Gefühl dafür zu entwickeln, einen bestimmten Rhythmus gleichmäßig zu einem bestimmten (Puls-)Tempo zu spielen – ist grundlegende Aufgabe und „Lernziel" eines jeden Rhythmikers bzw. einer jeden Rhythmikerin. Empfinden wir den Rhythmus eines Musikstückes, der sich in bestimmten Takten bewegt, als angenehm (harmonisch) bzw. von allen Musiker*innen im korrekten Timing und mit dem richtigen Spielgefühl umgesetzt, spricht man auch vom „Groove" in der Musik. Der „Groove" bewegt uns innerlich und äußerlich. Wir wippen, schnippen oder tanzen zur Musik, wenn sie uns „bewegt" – wenn sie „groovt".

Impulse für (d)einen kreativen Rhythmus(-unterricht)

Die bewusste Wahrnehmung, Verinnerlichung und Umsetzung von Harmonie und Rhythmus, sowohl auf der zwischenmenschlichen als auch musikalischen Ebene, setzt ein **„Sensibel-Werden" für rhythmische Impulse** voraus. Offenheit gegenüber Neuem und eine positive Lebenseinstellung sind ein Schlüssel dazu. Um mit Rhythmen zu spielen, gilt es, selbst aktiv zu werden und sowohl innere als auch äußere (fremde) rhythmische Impulse bewusst aufzunehmen, umzusetzen und weiterzuentwickeln.

***Grenzerfahrungen** machen: Rhythmen zeigen, was dir **möglich** ist.*

Auf diesen Gedanken basiert mein persönliches rhythmisches „Spielkonzept" – mein Weg zur erfolgreichen Arbeit im Umgang mit Rhythmus und Rhythmen als Lehrer und als „Schüler". Als Schlagzeuger bin ich ständig auf der Suche nach **neuen, kreativen Impulsen**, die ich für mich persönlich und als Lehrer für meinen Unterricht nutzen kann, um motiviert und motivierend zu arbeiten. Ich empfehle daher jedem*jeder angehenden Rhythmiker*in, keine Gelegenheit auszulassen, sich **möglichst viele verschiedene Rhythmen** anzuhören und anzusehen.

Live-Konzerte, Musicals, Musikvideos und -clips, Musikstreamingdienste oder CD-Sampler unterschiedlicher musikalischer Stilistiken bieten die Möglichkeit, **Musik aktiv zu hören**. Die wahrgenommenen Rhythmen können in Bewegungen unterschiedlicher Art umgesetzt werden – beim Bespielen von Percussioninstrumenten, bei der Gestaltung freier Tänze etc. Wenn ich mich beispielsweise auf ein Flamenco-Konzert vorbereite, auf dem ich Tänzer*innen, Gitarrist*innen und Sänger*innen auf meinem Cajon begleite, höre und schaue ich mir vorab Konzertaufnahmen an oder besuche Live-Konzerte, um rhythmisch „in Stimmung" zu kommen. Dabei versuche ich, zunächst den Grundpuls des gehörten Stückes zu erfassen, indem ich zum Stück gleichmäßig analog zum Spieltempo „mitzähle" und anschließend den Grundpuls bzw. die Rhythmen mitklatsche. Oft hilft es dabei auch, zur Musik zunächst „nur" mitzutanzen und dabei genau auf den Rhythmus bzw. die eigenen Körperbewegungen zu achten. Wichtig für mich ist es dabei, genau zu beobachten, wie die Formation den „Groove" erzeugt. Es ist also nicht nur interessant, *was* die Gruppe spielt, sondern auch *wie* sie zusammenspielt. Anschließend versuche ich, genau auf die Percussionist*innen bzw. Schlagzeuger*innen zu achten und hinzuhören, was und wie sie spielen. Diese Spielweise probiere ich dann zunächst auf meinen Körper („Körperschlagzeug") und anschließend auf mein Instrument zu übertragen. Danach interpretiere ich die Musik in meinem eigenen Stil, suche passende, ähnliche, mir bekannte Rhythmen meines rhythmischen Repertoires, die ich z. B. zur Musikaufnahme mitspielen kann. Gerade das **Mitspielen zur Musik** wirkt ungeheuer motivierend und hilft, „Timing"-Fähigkeiten und Musikalität zu schulen. Diese Vorgehensweise erweitert den individuellen rhythmischen Horizont ungemein.

Suche ich Rhythmen für meine **Rhythmusgruppe in der Schule**, gehe ich ähnlich vor. Bei komplexen Stücken versuche ich jedoch nicht, unbedingt die **Originalrhythmen** innerhalb meiner Spielgruppe zu erzwingen, sondern überlege,

Kreative Rhythmusspiele mit Alltagsgegenständen

welche **einfacheren Rhythmen** ebenso zum Grundpuls, zur Gruppe und zum Charakter des Stückes passen. Indem man immer wieder verschiedene Spielweisen und Rhythmen analysiert bzw. eigene erprobt und weiterentwickelt, entsteht allmählich ein **rhythmisches Spielrepertoire**. Die Rhythmen dieses Repertoires ergeben in verschiedenen Zusammenstellungen eigene Kompositionen bzw. Arrangements, die in der jeweiligen Spielgruppe eingeübt werden können. Wie sich dies bewerkstelligen lässt, erfahren Sie in den folgenden Kapiteln.

Ein Besuch des Percussionensembles „Stomp" gab mir den Anstoß, ein **Konzept für die Grundschule** zu erarbeiten, das es ermöglicht, Rhythmen und Rhythmik kreativ, spontan und mit Freude motivierend vermitteln zu können – mit einer ganzen Schulklasse und ohne kostspielige Profi-Percussioninstrumente, die für eine ganze Klasse (Schule) angeschafft werden müssen.

Devise für einen motivierenden Rhythmus (-unterricht): Hör zu, schau hin und sei kre-a(k)tiv!

„Stampf-Truppe" und „Blaue Männer" als Vorbilder und Inspirationsquellen

Percussiongruppen und rhythmische Tanz-Ensembles wie „Stomp", „Gum Boots", „Tap Dogs", die „Blue Man Group" u. a., sind herausfordernde und motivierende „Impulsgeber". Sie zeigen in einzigartiger Weise, *wie* und *was* man mit Rhythmen „spielen" kann. Mit dem vorliegenden Buch möchte ich ähnliche, jedoch für den Musikunterricht aufbereitete Impulse anbieten, die Sie für die Umsetzung von Rhythmen mit dem Körper (Bodypercussion, Vocalpercussion) und mit Alltagsgegenständen in der Schulklasse nutzen können.
Besonders zwei Gruppen sind als **Triebfedern meiner Arbeit** zu nennen: **„Stomp"** und die **„Blue Man Group"**, die viele Percussiongruppen bzgl. Rhythmus und Kreativität inspirieren. In Verbindung mit meinem „Vorwissen" als Schlagzeuger und Musikpädagoge entwickelte ich das vorliegende Konzept.

Exkurs „Stomp"

Seit den 1980er-Jahren arbeiten der Rhythmiker Luke Cresswell und der Musiker und Theatermacher Steve McNicholas, die Gründer der **Gruppe „Stomp"**, zusammen. Ihre Idee, Rhythmus und Theater in innovativer Art und Weise zu verbinden, verwirklichten sie 1991 mit einer kleinen, bunten Truppe aus Schauspielern, Tänzern und Schlagzeugern in Brighton (Großbritannien). „Stomp" war geboren. Die Gruppe beschränkte sich bei ihren rhythmischen Aktivitäten nicht, wie der Name „Stomp" – zu Deutsch „stampfen" – vielleicht zunächst vermuten lässt, auf einseitige Bodypercussion (dt.: auf das „Körperschlagzeug"). Stomp ließen und lassen sich im Gegenteil von verschiedenen rhythmischen Quellen aus ganz unterschiedlichen Kulturen und Alltagssituationen inspirieren. Dabei verwandeln sie Schrott bzw. Alltagsplunder in die unglaublichsten Rhythmusinstrumente: Mülltonnen, Besen, Eimer, Streichholzschachteln, Autoteile, Verkehrsschilder, Holzkisten etc. werden „gestreichelt", „betrommelt" und „behämmert". Selbst der eigene Körper wird zum Rhythmusinstrument. Aus diesem ganz eigenen Zauber dieses Percussionensembles entstand ein neues Performance-Genre: „Rhythmisches Theater für die Sinne".

Alltagsplunder, Baumarktprodukte und Schrottplatzfunde als Instrumente

Stomp steht nie still. Ständig verwirklicht das kreative Team neue perkussive Ideen. Mittlerweile hat Stomp neben einigen Werbespots auch Kurzfilme (z. B.: „Brooms"), eine Live-DVD („Stomp out loud") und einen Kinofilm („Rhythms of the world") kreiert. Die Gruppe zeigt sowohl in ihren Filmproduktionen als auch live ein harmonisches Zusammenspiel aus Percussion, Bewegung und szenischer Komik. Stomp tourt durch die ganze Welt. Es gibt mittlerweile mehrere Stomp-Kleingruppen mit jeweils ca. zwölf Mitgliedern. Bis zu acht Künstler*innen agieren auf der Bühne, die an einen riesigen Schrottplatz oder Fabrikhof erinnert. Meist treten die Akteure und Akteurinnen in Straßen- und Arbeitskleidung auf. Dialoge werden nicht verbal geführt, sondern kommen durch rhythmische Körpersprache zustande. Die **Botschaft** der „Stomp-Gruppe" könnte lauten: Bleib neugierig auf jede Art von Musik und kommuniziere – mit verschiedenen Instrumenten!

„Alltagsinstrumente" zum kreativen „Stompen"

Exkurs „Blue Man Group"

Die **„Blue Man Group"**, 1987 in New York von Matt Goldman, Chris Wink und Phil Stanton gegründet, ist eine Formation bestehend aus drei stummen, im Gesicht und an den Händen blau angemalten Personen. Eine Band mit mehreren „Schlagzeugern" begleitet die Gruppe. Für eine Show stehen mehr als 60 Trommeln und Rhythmusinstrumente zur Verfügung. Die Performer binden die Zuschauer in ihre Theater-Multimedia-Show ein und begeben sich mit ihnen auf eine Entdeckungsreise in die Welt der Musik. Sie „erproben" dabei u. a. ungewöhnliche Instrumente und Alltagsgegenstände auf kreative Weise, zum Beispiel Kunststoffrohre in unterschiedlicher Länge und Dicke, lange Ruten aus glasfaserverstärktem Kunststoff, Regentonnen etc. Die Begleitband der „Blue Men" spielt dabei auf „gewöhnlichen" Instrumenten und verwendet vorwiegend Schlagzeug und weitere Percussioninstrumente, E-Gitarre, E-Bass und, als „Zusatzinstrument", eine elektrische Zither.

Im Jahr 1999 veröffentlichte die Gruppe ihr Debütalbum „Audio", das für den Grammy nominiert wurde. Darauf folgte das zweite Album „The Complex", das von ihrer „Complex-Rock-Tour-Show" weltweit begleitet wurde. Die „Megastar 2.0"-Tour wurde in Amerika mit großem Erfolg gefeiert. In Deutschland wurde die Gruppe im Jahr 2004 durch Werbespots, Auftritte in TV-Shows und ihrer Live-Show in Berlin bekannt. Um alle Shows rund um die Welt zu besetzen, stehen momentan weltweit über 40 „Blue Men" und mehr als 60 Musiker*innen zur Verfügung. Die inspirierende **Botschaft** der „Blue Man Group" lautet: Entdecke und erforsche die Musik, gehe dabei auch neue Wege und verwende dabei auch ungewöhnliche Instrumente. Die „Blue Men" verbinden in ihren Shows – kulturübergreifend und „inklusiv" – durch Interaktionsspiele mit ihrer „Musik" Zuschauer*innen und Künstler*innen, die im Rhythmus der Musik zu einem gemeinsamen Kunstprodukt werden.

Inspirationsquellen einfließen lassen – Musikunterricht kreativ gestalten!

Aus den Impulsen der vorgestellten Gruppen lässt sich dieses **übergeordnete Ziel für den eigenen Rhythmusunterricht** ableiten: mit den Schüler*innen ein gemeinsames rhythmisch-musikalisches Erlebnis zu kreieren, das durch Einzigartigkeit, Originalität und Innovation alle Beteiligten – auch Lehrkräfte – begeistert und eine außergewöhnliche Form des barrierefreien und kulturübergreifenden Dialogs schafft.

2. Kreative Rhythmen bewegen:
„Stomp" & Co. auf dem Lehrplan?!

Das „Groove-Prinzip"

„Stomp" & Co motivieren und verbinden Rhythmen und Kulturen. Was sie den Zuschauer*innen mit auf den Weg geben, ist ein unentbehrlicher Baustein eines zeitgemäßen, rhythmusorientierten (Musik-)Unterrichts, der es sich zur Aufgabe macht, **Menschen zur (Musik-)Kultur zu bewegen**. Musik bzw. Rhythmus empfinden wir als „groovend", wenn alle beteiligten Musiker*innen bzw. Rhythmiker*innen harmonisch zusammen und im gemeinsamen Puls spielen – so, wie es die o. g. Gruppen zeigen. Der „Groove" einer musikalischen Formation äußert sich bei den Zuhörer*innen v. a. in Form von eigenen „Begleitbewegungen", wie Mitschnipsen, mit den Füßen wippen, Tanzbewegungen etc., die man ggf. zur Musik mitmacht. Beim „Groove-Prinzip", wie ich es nenne, sind Weg und Ziel identisch: Rhythmus und Musik vermitteln und in der Spielgruppe (er)leben lassen.

Groove-Prinzip bedeutet: bewegen und bewegt werden – im gemeinsamen Puls!
Ziel: Zusammenspiel(en)

Das Groove-Prinzip ermöglicht **einen ganzheitlichen Zugang zu Rhythmen – mit Körper, Geist und Seele**. Eine offene, unverkrampfte, neugierige und letztlich motivierte Spielhaltung gegenüber der rhythmischen Tätigkeit ist eine grundlegende Voraussetzung dafür, dass das Groove-Prinzip im Unterricht greift. Dies erreicht man v. a. durch eine klar strukturierte Planung des Rhythmusunterrichts, der genau auf die jeweilige Lernausgangslage der Schüler*innen abgestimmt sein sollte. **Die Chance des Groove-Prinzips**: *Alle* Schüler*innen können – ganz ohne rhythmische Vorkenntnisse – ihre eigene rhythmische Kreativität mit dem Körper und mit Alltagsgegenständen entdecken und weiterentwickeln. Die Personen innerhalb der Spielgruppe sollen von dem*der Übungsleiter*in dort „abgeholt" werden, wo sie spielerisch „stehen" (Differenzierung!). Sie werden im rhythmischen Zusammenspiel zu aktiven Gestalter*innen ihrer musikalischen Umwelt – auch ganz ohne teures Instrumentarium und komplexes spieltechnisches Wissen. Wenn diese Grundlage (z. B. innerhalb einer Schulklasse) geschaffen wurde, kann darauf aufgebaut und eine bühnenreife Rhythmus-Performance entwickelt werden.

Impulse des Groove-Prinzips in der Lerngruppe (er)leben lassen

- Das Groove-Prinzip **motiviert** und spricht jede*n an, denn **jede*r hat Rhythmus**!
- Rhythmus kann **Spannung** erzeugen, aber auch **entspannen**.
- **Der Weg ist das Ziel.** Beim Groove-Prinzip gibt es keinen Stillstand, sondern es entwickelt sich immer weiter.
- Durch die gewonnene Energie aus dem Zusammenspiel schaffst du eine gemeinsame **Bühnen-Performance**.
- Selbsterkenntnis: **Ausdauer und Fleiß** führen zum Erfolg.
- **Werde selbst(-)tätig.** Spiele auf und mit allen möglichen und unmöglichen Gegenständen und dem eigenen Körper – ohne zu verletzen!
- Erkenne: Alles ist Rhythmus und Rhythmus ist alles.
- **Lerne, das „Einfache" wertzuschätzen.** Lerne „zu(-)hören", und genieße, was du hörst, siehst und tust.
- Sei kreativ, spontan und habe Mut zur Improvisation.
- **Kommuniziere** und **interagiere**. Übe dabei Respekt, Rücksicht und Toleranz. Lass dich inspirieren, nimm Impulse auf und gib sie weiter.
- **Sei dir selbst(-)bewusst.** Entdecke deine Grenzen – und überwinde sie.
- **Nimm dir Zeit.** Entdecke dabei Harmonie und Dynamik mit ganz unterschiedlichen Instrumenten in deinem Leben.
- Rhythmisch **kreativ** zu sein, macht **Spaß**!

Wie (was) „Trommeln" in der Schule (be)wirkt

Jedes Jahr, wenn es darum geht, die Plätze für meine „Rhythmus-AG" in der Grundschule zu vergeben, erlebe ich großen Zuspruch von Kindern und Eltern. Ebenso findet das Thema „Rhythmus" und „Rhythmusinstrumente" innerhalb meines Musikunterrichts oder auf Fortbildungsveranstaltungen großen Anklang. Erwachsene und Kinder haben gleichermaßen einfach das (natürliche) Bedürfnis, sich über rhythmische Bewegungen zu äußern bzw. ihre rhythmischen Impulse auf Percussioninstrumente zu übertragen. „Trommelspielen sieht cool aus und macht Krach" – so die Begründung eines Jungen, der in meiner Rhythmusgruppe mitmachen wollte. Heute weiß er, dass „Trommeln" nur gut klingen, wenn man sie achtsam bespielt.

Häufig, so meine Erfahrung, suchen **sozial benachteiligte Kinder** sowie **Kinder mit Verhaltensauffälligkeiten** in meinen Rhythmus-AGs den Kontakt zum Rhythmusinstrument. Sie finden im rhythmischen Spiel einen Weg, sich zu äußern, eigene Kräfte zu erproben und individuelle Gefühle auszudrücken. „Trommelspielen" sollte jedoch innerhalb des Musikunterrichts nicht zu blindem Aktionismus führen. Dies bedeutet für einen produktiven Rhythmusunterricht, **dass Rhythmen geduldig geübt und Bewegungsabläufe langsam trainiert werden müssen**, damit es später richtig „groovt". Trommelspielen sieht einfach aus. „Das kann ich auch!", so die überwiegende Meinung derjenigen, die sich spontan daran versuchen. Tatsächlich können einfache Rhythmen auch relativ bald gespielt werden. Um jedoch ein Percussioninstrument wirklich zu „beherrschen", braucht man für den nötigen Lernprozess **viel Geduld, Ausdauer und Disziplin**.

Beim „Trommeln" erfährt man Spiel-Regeln, Ordnung und Struktur – auch gemeinsam im Percussionensemble!

Rhythmen mit dem Körper und/oder mit Alltagsgegenständen zu vermitteln und umzusetzen, ermöglicht auch in der Schule einen neuen und – durch Gruppen wie „Stomp" – auch populären Weg des rhythmisch-musikalischen Unterrichts.

Positive Effekte bzw. Auswirkungen des Groove-Prinzips in der Schule

- Verbesserung der Interaktion und Kommunikation sowie der Gruppendynamik (positiver psychosozialer Effekt)
- Förderung von gegenseitigem Respekt und Toleranz (Kulturbewusstsein)
- Schulung von Körperwahrnehmung und „-bewusstsein" (Sensibilisierung)
- Förderung von Koordination und Feinmotorik
- Entwicklung von Kreativität, Spontaneität und Improvisationsfähigkeit
- Freude am gemeinsamen konzentrierten und ausdauernden Erarbeiten entwickelt sich
- Konzentrationsschulung (Verbesserung der Gedächtnis- und Merkleistung)
- Erleben von Anspannung und Entspannung (ausgleichende Funktion)
- Aneignung von rhythmisch-musikalischem Fachwissen (traditionelle Rhythmen, kreative Spieltechniken, Instrumentenkunde, Partiturspiel, Aufbau von rhythmischen Arrangements, Timing, Aufbau eines rhythmischen Repertoires …)

Lehrplanbezug: Rhyth-mus(s) in die Grundschule!

Die Grundlage des Erlernens von Rhythmen ist das praktische rhythmische Handeln. Kinder im Elementar- und Primarbereich haben bereits verschiedene Erfahrungen mit Rhythmen gemacht. Die ursprünglichen Formen musikalischer Äußerungen, wie Singen, Tanzen, Klatschen etc., und das in vielen Kindern schlummernde „rhythmische Urwissen" werden durch das rhythmische „Zusammen-Spiel" im Musikunterricht geweckt und weiterentwickelt.

Rhythmusunterricht soll Freude am rhythmischen, bewegungszentrierten Spiel wecken.

Das Fach Musik hat in der Grundschule die Aufgabe, **rhythmisch-musikalische Kompetenzen** bei den Kinder aufzubauen, soll aber auch **sinnliche und ästhetische Erfahrungen** ermöglichen. Es leistet somit einen wichtigen Beitrag zur künstlerisch-ästhetischen Bildung. Dabei steht das **kreative Erproben und spielerische Handeln** im Vordergrund der Musizierpraxis.

Kinder werden im Unterricht rhythmisch aktiv

> ***Rhythmus spricht den ganzen Menschen an und sollte deshalb ganzheitlich vermittelt und verinnerlicht werden!***

Die **Ziele für den Musikunterricht in der Grundschule** decken sich in den Musik-Lehrplänen der verschiedenen Bundesländer. Es sollen dabei folgende, sich durchdringende Lernfelder im Vordergrund der Unterrichtspraxis stehen: *Musik hören, Musik machen* und *Musik umsetzen – auch fächer-, methoden-, sozialformen- und medienübergreifend.* Rhythmisch-musikalischer Unterricht, der dem Groove-

Prinzip folgt, spricht alle Lernfelder gleichermaßen an, denn: Unterricht nach dem Groove-Prinzip leistet somit auch seinen **Beitrag zur grundlegenden** Bildung, indem er …

- die Erlebnisfähigkeit erweitert,
- positive soziale Verhaltensweisen fördert,
- das Selbstwertgefühl stärkt,
- gestalterische Kräfte weckt,
- Ausdrucksfähigkeit schult,
- einen selbstständigen, kreativen Umgang mit Rhythmus und Musik ermöglicht und
- die Ich-, Sach-, Sozial-, Medien- und Methodenkompetenz trainiert.

3. Umsetzung des Groove-Prinzips im Musikunterricht:

Inhalte und Methoden

Einsatzmöglichkeiten von „kreativen Instrumenten" im Musikunterricht

Gestaltet man einen rhythmisch-musikalischen Unterricht mit Alltagsgegenständen, körpereigenen sowie selbst gebauten Instrumenten aus Schrott, Küche und Baumarktzubehör, so ergeben sich folgende **Einsatzmöglichkeiten** dieser Instrumente:

- „Solo-Performance": rhythmisch-kreative Darbietungen eines einzelnen „Instruments" bzw. einer Instrumentengruppe
- Begleitung von Liedern (auch Chorbegleitung möglich)
- Experimentieren bzw. Mitspielen zu vorhandener Musik (z. B. CD, MP3 …)
- Ergänzung des Orff-Instrumentariums bzw. anderer traditioneller Percussion- oder Melodieinstrumente (z. B. „Bandspiel" etc.)

Ein „roter Faden" für den Klassen-Groove

Die Umsetzung komplexer Rhythmen mit dem Körper oder auf Alltagsgegenständen verlangt gewisse Fähigkeiten in den Bereichen Koordination, Unabhängigkeit in Rhythmus und Bewegungen, Spieltechnik und Gruppendynamik. Im Laufe der Zeit habe ich spezielle Übungen und Trainingseinheiten für meinen Rhythmusunterricht (weiter)entwickelt, die meinen Schüler*innen helfen sollen, bühnenreife Percussion-Arrangements gemeinsam und sicher im Ensemble zu spielen.
Dabei stehen der Spielprozess und die dabei gesammelten Erfahrungen im Vordergrund.

Ich empfehle, bei der Erarbeitung von Rhythmen die unten folgenden Bausteine (s. Kasten) differenziert zu berücksichtigen. Diese „Stationen" von 1 bis 5 dienen mir als Planungshilfen und „roter Faden" bei meiner Arbeit mit Rhythmusgruppen (z. B. innerhalb meines „Rhythmus-Workshops" oder meiner „Rhythmus-AG") in der Schule.

Bausteine des Groove-Prinzips innerhalb einer Rhythmus-Spielgruppe

1. **Gruppendynamik erfahren**
   Rhythmische Interaktionsspiele mit der gesamten Gruppe

2. **Körper-Zeit-Gefühl entwickeln**
   Umsetzen von Körperbewegungen zum festen Grundpuls und Timing-Übungen – den Puls „zählen" lernen

3. **Körper-Schlagzeug spielen**
   Den Weg vom „Grundpuls" zum „Rhythmus" ganzheitlich erfahren – Rhythmen über den Körper bzw. mit der Stimme verinnerlichen

4. **Basisrhythmen und Spieltechniken erarbeiten, aufbauen, merken**
   Typische Rhythmen, Instrumente und Spieltechniken kennenlernen, frei erproben sowie Grundrhythmen „spielerisch" erarbeiten und memorieren

5. **Gruppen-Groove-Performance (im Percussionensemble) präsentieren**
   Rhythmen aus dem „Rhythmusbaukasten" (s. S. 66/67) mit dem Körper bzw. mit verschiedenen Instrumenten einüben, zum „Grooven" bringen, zum Percussion-Arrangement ausbauen und „präsentieren"; dann mit einer Choreografie zur Bühnen-Performance verbinden

Es ist sinnvoll, diese Bausteine in dieser Reihenfolge zunächst separat mit den Schüler*innen zu durchlaufen und jeden einzelnen Baustein mit entsprechenden individuellen Übungen zu „füllen" – je nach Leistungsniveau der Gruppe. Danach können sie auch stets erweitert und mit unterschiedlicher Gewichtung im Unterricht kombiniert bzw. eingesetzt werden.

Der*die Übungsleiter*in (Lehrer*in) hat darauf zu achten, dass die Übungen, die er*sie den einzelnen Bausteinen zuordnet, vom Einfachen zum Komplexen reichen und so aufeinander aufbauen.
Ebenso finden sich – fächerübergreifende – Übungen aus den Bereichen Sachunterricht (Gruppendynamik: sich als gestaltendes Mitglied der Gesellschaft erfahren, Herstellen von Instrumenten aus verschiedenen Materialien), Religion (Stilleübungen), Bildende Kunst (Kreatives Gestalten zur Musik) und Sport (Tanzen, Bewegen zur Musik). Somit kann jede Lehrkraft – auch nach ihren Fähigkeiten und Fertigkeiten – eine Übungsreihe für ihre Schüler*innen zusammenstellen.

Aufgaben der Lehrkraft im Vorfeld

Eine Gruppe von Rhythmuseinsteiger*innen benötigt eine sensible Spiel- bzw. Übungsleitung („Lehrkraft"), die es versteht, auf ihre Spielgruppe individuell einzugehen. Dieser kommen folgende **Aufgaben** zu:

- harmonische Arbeitsatmosphäre herstellen
- „Spielregeln" mit der Gruppe entwickeln
- Arbeitsräume und -zeiten festlegen
- Aufgaben differenziert verteilen
- Gruppengröße und „Spielzeiten" festlegen (in Abhängigkeit von Leistungsniveau, vorhandenen Instrumenten und „Lernzielen")
- Schüler*innen beim Entdecken ihrer Instrumente und Rhythmen unterstützen
- korrekte Spieltechnik zeigen und erarbeiten
- geeignete Übungen (Repertoire) für die Gruppe (differenziert) zusammenstellen
- der Gruppe als Berater*in zur Verfügung stehen
- Rhythmen und Percussionsarrangements „einzählen" bzw. „dirigieren"

Deshalb sollte der*die Übungsleiter*in als Grundlage des rhythmischen Zusammenspiels über die folgenden **Fähigkeiten** verfügen:

- Zeitgefühl/Timingsicherheit
- rhythmische Grundkennnisse (Basispattern beherrschen)
- rhythmisch-musikalische Sensibilität (gemeinsames Spielgefühl entwickeln, zuhören können …)
- Gruppenführungsqualität und „Dirigier"-Kompetenz

Die Lehrkraft **„dirigiert" die Spielgruppe** (meist unter vollem Körpereinsatz!). Sie muss daher die einzelnen rhythmischen Figuren gut kennen und verinnerlicht haben, die ihre Gruppe umsetzen soll. Jede Übung, die sie in der Gruppe durchführen wird, sollte sie zunächst **selbst erproben** und sich **korrekt aneignen**. Die Lehrkraft greift nur bei Bedarf in das Gruppenspiel ein und sollte daher ein Gespür für „kritische Stellen" entwickeln. Ebenso übernimmt sie auch die **Rolle des Beraters bzw. der Beraterin**. Ansonsten zieht sie sich eher zurück und spielt *mit* der Gruppe gemeinsam. Letztendlich entscheidet sie auch, *wer* bei einer Aufführung *welches* Instrument *wie* spielt.

*Der*die Übungsleiter*in als Spielpartner*in und Dirigent*in*

Die Lehrkraft legt vor dem Einstieg ins „Grooven" **geeignete Spielräume** fest, in denen ungestörtes Musizieren möglich und genügend Platz vorhanden ist. Das kann, je nach räumlichen Gegebenheiten, z. B. eine Aula oder ein Gymnastiksaal sein. Der „Proberaum" sollte eher schallschluckende Eigenschaften besitzen und wenig „Hall" erzeugen. Ein stabiler PVC- (evtl. Bühnenelemente) oder Holzboden (Laminat) sind, gerade für eine „Besen-Kehr-Performance", einem Stein- oder

Teppichboden vorzuziehen. „Wolldecken" oder „schwere" Gardinen an den Wänden tragen zur Schalldämmung eines Raumes bei. Spanplatten oder Gummimatten bzw. strapazierfähige PVC-„Teichfolie" schützen empfindliche Böden. Weiterhin sollten im Vorfeld die **Spielzeiten** geplant werden. Konzentrations- und Arbeitsphasen sowie Zeiten der Entspannung sollten hier im Wechsel miteinander harmonieren. Dabei sind Gruppenniveau und Komplexität der Stücke zu berücksichtigen.

Bei der Wahl der **Gruppengröße** gilt: Je kleiner die Gruppe, desto konzentrierter und intensiver kann gearbeitet werden. In meinen AGs hat sich für eine intensive Erarbeitung von Rhythmen eine Gruppengröße von 12–15 Kindern ab Klassenstufe 3 bewährt. Natürlich können auch größere Gruppen spielerisch mit den Rhythmen vertraut gemacht werden. Und genau das ist das Anliegen meines Groove-Prinzips: **Jede*r kann mitmachen!** Mit der Wahl der Gruppengröße entscheidet die Lehrkraft auch, in welchen **Sozial- und Aktionsformen** sie mit der Gruppe die einzelnen Bausteine anpacken möchte. Folgende Sozial- und Aktionsformen spielen dabei sowohl bei der Erarbeitung als auch bei der „Bühnenpräsentation" der erarbeiteten Rhythmen eine wichtige Rolle: Arbeit in der gesamten Gruppe im Sitz- oder Stehkreis, Einzelarbeit, Partnerarbeit oder die Arbeit in Kleingruppen mit 4–5 Kindern.

Zusammenfassung: Was ist vor dem Einstieg ins „Grooven" zu tun?

- geeignete **Spiel- und Zeiträume** „entdecken" für eine harmonische Arbeitsatmosphäre
- **Gruppengröße** sowie **Sozial- und Aktionsformen** bestimmen
- für sich selbst und die Gruppe genug **Zeit und Muße** einplanen, damit ein langsames Einspielen bzw. ein bewusstes Einstudieren rhythmischer Abläufe möglich ist
- **„Spielregeln"** gemeinsam mit der Gruppe festlegen und konsequent einhalten, z. B.:
  1. *Wir gehen achtsam mit uns und den Instrumenten um!*
  2. *Wir hören genau zu!*
  3. *Wir spielen nach vereinbarten Zeichen bzw. nachdem wir „eingezählt" wurden.*
  4. …

Planungsimpulse für Trommel-Lehrkräfte: Grooves mit Percussioninstrumenten spielerisch erarbeiten, umsetzen und präsentieren

Nach den ersten Stunden, in denen sich die Rhythmusgruppe durch Kennenlernspiele, Puls- und Timingübungen, Koordinations- und Unabhängigkeitsübungen bzw. Bodypercussion-Grooves nähergekommen ist, kann nun intensiv mit den Rhythmusinstrumenten bzw. Percussion-Arrangements gearbeitet werden.
Gerade der Einführung der „Instrumente" sollte immer eine spielerische **Experimentalphase** von ca. 5 Minuten vorausgehen, in der die Schüler*innen die Möglichkeit haben, *ihre* Instrumente bezüglich Sound, Materialeigenschaft und Spieltechnik zu erforschen.
Spiel-Idee: Man kann z. B. in einer der **ersten Instrumentenstunden** verschiedene Alltagsgegenstände in der Kreismitte präsentieren und die Schüler*innen damit experimentieren lassen. In einer sich daran anschließenden Reflexionsrunde können sich die Schüler*innen zu Sounds, Spieleigenschaften, Material usw. äußern. Sie dürfen auch erste instrumentale „Zuordnungen" wagen, also Instrumente entdecken, die bezüglich Sound und Spieltechniken zusammengehören („Besengruppe", „Holzstäbe/-stangen/-stöcke", „Tonnen/Eimer/Kisten" sowie zusätzliches Material zum „Bespielen" der Instrumente etc.). Daneben werden die Schüler*innen auch angeregt, eigene „Alltagsinstrumente" evtl. zu Hause anzufertigen bzw. zu einem gemeinsamen „Workshop" mit den Eltern in die Schule mitzubringen oder dort herzustellen. Ich empfehle dabei, sich zunächst auf **drei zentrale Instrumentengruppen der Alltagsinstrumente** zu konzentrieren und sie nach und nach bezüglich ihrer Spieltechniken und späteren Funktion im Percussionensemble in der Gruppe einzuführen:

- Besen
- Holzstäbe/-stangen/-stöcke
- Tonnen, Eimer, Holzkisten

Man sollte sich also zunächst auf die **Einführung einer Instrumentengruppe** und deren Soundvarianten konzentrieren. Somit werden die Schüler*innen nicht gleich mit den verschiedenen Soundeindrücken und Spieltechniken überfordert. Sie lernen vielmehr, sich auf ein Instrument zu konzentrieren (um es später auch innerhalb verschiedener Instrumente heraushören zu können). Wenn man z. B. die „Besentechniken" in einer Gruppe von 16 Personen erarbeiten möchte, jedoch nur

8 Besen zur Verfügung hat, teilt man die Gruppe eben in 2 Kleingruppen: Während die eine Gruppe „spielt“, erhält die andere Gruppe z. B. Beobachtungsaufgaben oder „spielt“ per Bodypercussion oder pantomimisch mit. Anschließend werden die Instrumente getauscht. Dies fördert die Flexibilität der Gruppe und hilft der Lehrkraft, herauszufinden, wer das Instrument beherrscht und sich für die spätere Bühnen-Performance „qualifiziert“.

Instrumentenwechsel fördert Flexibilität, Kreativität und Spielfreude!

Nachdem die Spieltechniken und Sounds von allen Gruppenmitgliedern separat erprobt wurden, kann man **erste rhythmische Spiele** innerhalb einer Instrumentengruppe durchführen bzw. Arrangements erarbeiten. Sitzen die ersten „Grooves“ innerhalb einer Instrumentengruppe, können auch zwei und später drei und mehr Instrumentengruppen zusammenspielen. Dies bietet sich v. a. innerhalb eines Percussion-Arrangements an, in dem alle Alltagsinstrumenten-Gruppen gezeigt werden sollen.

Um den Einstieg, Break, Groove oder die Schlussform eines Percussion-Arrangements einzuleiten, kann man vorab mit den Spieler*innen die jeweilige Taktzahl bzw. **Länge der zu spielenden Abschnitte vereinbaren**. (Dabei muss jedoch jede*r Spieler*in genau mitzählen können – und das ist anfangs nicht leicht.) Alternativ kann die Gruppe auch mit **optischen und/oder akustischen Signalen**, die vorab vereinbart werden, flexibel durch das Arrangement geführt werden. Wichtig beim Dirigieren ist der ständige Blickkontakt zur Gruppe.

Mögliche optische und/oder akustische Zeichen zum Dirigieren der Spielgruppe

1) **Arme/Hand/Finger**
   - **Hand hoch:** Achtung! Einstieg in das Stück bzw. in den Groove nach „Einzählen“ (durch Lehrkraft) oder – im Vier-Vierteltakt – viermaligem Signalpfiff (bzw. je nach Taktart) im Puls des Stückes
   - **Finger nach oben:** nach viermaligem Pfiff oder lautem Zählen wird Break 1, 2, 3 … (je nach Fingerzahl) gespielt

- **Arme über Kreuz und ein Gruppenmitglied bzw. eine Instrumentengruppe anschauen (Körper zuwenden!)**: beim nächsten viermaligen Zählimpuls pausiert das Gruppenmitglied bzw. die Instrumentengruppe, bis es bzw. sie wieder eingezählt wird
- **Arme über Kreuz (hin- und herwiegen) und komplette Gruppe anschauen:** nach Zählimpuls wird die Schlussform gespielt
- **Winkbewegung:** Stück schneller bzw. langsamer spielen – im Puls der Winkbewegung
- **Hand hochheben oder hinunterdrücken:** lauter oder leiser spielen

2) Stimme

Durch ein **laut gerufenes „Hey"** kann der Gruppe während eines Grooves angedeutet werden, dass im nächsten Takt ein Break bzw. Groove-Wechsel stattfindet. Bestimmte Lautkombinationen oder Fantasiewörter, die zugerufen werden, können der Gruppe ebenso andeuten, dass im nächsten Takt ein bestimmter Rhythmuswechsel erfolgt bzw. welcher Groove gespielt werden soll.

3) „Trillerpfeife" oder „Sambapfeife"

- **z. B. einmal pfeifen:** Achtung! Im nächsten Takt erfolgt ein Rhythmuswechsel (Groove, Break …)
- **viermal (bzw. je nach Taktart) im Puls der Zählzeiten des Stückes pfeifen:** nach den vier Pfiffen (im Vier-Vierteltakt) erfolgt ein Rhythmuswechsel (Groove, Break …)

Natürlich können auch alle drei „Signalmethoden" innerhalb des Arrangements miteinander kombiniert werden, je nachdem, worauf die Gruppe am besten reagiert.

Für eine Bühnen-Performance sind sowohl das richtige **Outfit** als auch **Mimik** und **Gestik** wichtig. „Stomper" tragen bequeme Straßenkleidung (mit oder ohne Mütze), können aber auch uniform im klassischen „Blaumann" (Arbeitslatzhose) oder in unifarbenen Cargohosen inklusive T-Shirt auftreten. Mit ein wenig schwarzer „Schminke" können die Gesichter und/oder Arme bemalt werden –

das verleiht der Gruppe mehr „Schmutz" bzw. „Straßencharakter". Stomper „spielen cool" und „bleiben immer locker", d. h., die Bewegungsabläufe dürfen nicht angestrengt wirken (obwohl sie es sind!), sondern müssen geschmeidig und fließend aussehen. Wichtig dabei ist, auch mimisch nicht angestrengt, sondern entspannt, aber dennoch konzentriert zu sein und „wach" zu wirken.

Bei der Erarbeitung der Bühnen-Performance ist darauf zu achten, dass alle **rhythmischen Bewegungsabläufe** (und natürlich die Rhythmen und Arrangements selbst) „sitzen". Jedes Kind muss sein Instrument „kennen", seinen Rhythmus und den Ablauf des Percussion-Arrangements beherrschen. Dies kann man als Übungsleiter*in den Kindern auf entsprechenden Arbeitsblättern auch zum „Üben" für zu Hause mitgeben bzw. im Unterricht mit den Kindern u. a. mit digitalen Medien (Smartphone und Co.) aufzeichnen und speichern.

Kinder im Groove-Ensemble

Tipp: „Rhythmusmappe" einführen, in der Rhythmen, Spieltechniken, Spielabläufe etc. festgehalten werden.

Gerade bei notenunkundigen Schüler*innen zahlt sich beim genauen Einstudieren der rhythmischen Bewegungsabläufe das intensive Training mit dem Rhythmusbaukasten (s. S. 66/67) aus. (Hier üben die Kinder, Rhythmen „ohne Noten" zu memorieren.) Zur **„Analyse" der eingeübten Rhythmusstücke** vor der

Bühnen-Performance sollte eine Videoaufzeichnung erfolgen – dies hilft, optisch und akustisch, Fehler aufzudecken und später zu vermeiden.
Eine **mögliche „Bühnen-Performance"** – analog zur Erarbeitung der Spieltechniken und Grooves – von ca. 30 Minuten könnte dabei wie folgt aussehen:

Die „Groove-Show" – Eine Bühnen-Performance der „Groove-Klasse"

1. Begrüßung: „Bodypercussion-/Vocalpercussion-Groove"
2. „Besengruppe"
3. „Holzstab-" bzw. „Holzstangen-Gruppe"
4. „Tonnen-/Eimer-/Kistengroove-Gruppe"
5. Finale: „All together", alle Instrumentalist*innen in einem Stück vereint

Neben der Erarbeitung der Rhythmen achte ich vor einer Bühnen-Performance auf die **korrekte Mikrofonierung**. Gerade in großen Hallen geht das oftmals dynamische (leise) Spiel der Besen unter. Daher wähle ich ein „Grenzflächenmikrofon", um das sich die Percussiongruppe im Halbkreis positioniert, und zwei bis drei „Overhead-Mikrofone", die, je nach Gruppengröße, hinter der Gruppe „über den Köpfen" auf Stativen befestigt bzw. positioniert werden. Somit lässt sich bereits mit einem kleinen Mischpult und vernünftigen Lautsprecherboxen ein guter Performance-Sound erzeugen.

Frontale Ton-Abnahme eines Cajons mit einem Grenzflächenmikrofon

Rahmenbedingungen und Arbeitsprinzipien zum gemeinsamen Grooven

Die Erarbeitung von rhythmischen Pattern („Mustern") sollte v. a. in der Grundschule stets „spielerisch" erfolgen. Voraussetzungen dazu sind **gruppendynamische Übungen** zur Körperwahrnehmung und zum Timing, in denen Koordination, Unabhängigkeit und gleichförmige Bewegungen zu einem festen Grundpuls erprobt werden.
Wichtiges Instrument und Ausgangsbasis zur Erarbeitung verschiedener Rhythmen und Spieltechniken ist bei Gruppen wie Stomp wie auch in meinem Unterricht, **der eigene Körper**. Rhythmen, die zunächst mit Körper und Stimme wahrgenommen und „erfahren" wurden, können anschließend in einer zweiten Übungsphase im **spielerischen Umgang** mit dem Instrument leichter umgesetzt bzw. „begriffen" werden. Ziel der rhythmischen Spiele ist es, mit ganz unterschiedlichen Instrumenten ein rhythmisches Gespür zu entwickeln.

Allgemeine Arbeitsprinzipien innerhalb der „Groove-Gruppe"

- Puls und Rhythmus ganzheitlich verinnerlichen vom Einfachen zum Komplexen
- erarbeitetes Rhythmuspattern in korrekter Ausführung (Spieltechnik) mit Instrument(en) in der Gruppe umsetzen

Grundvoraussetzung zum gemeinsamen Grooven

- genau zu- bzw. hinhören und -sehen (Blickkontakt!)
- aus der Ruhe heraus auf gemeinsam vereinbarte Zeichen (optisch und/oder akustisch) beginnen und enden und dabei gemeinsame „Spielregeln" beachten
- Übungen im korrekten Tempo (zunächst langsam) und kontrolliert (Spieltechnik beachten!) ausführen

Bei der **Auswahl der Methoden** sollte die Lehrkraft und die Gruppe das jeweilige Ziel der Übungen nicht aus den Augen verlieren. Blinder Aktionismus ist hier fehl am Platz.

Um Rhythmen bzw. rhythmische Spiele und Übungen zu vermitteln, sollten **offene Unterrichtsformen** gewählt werden. Es gibt dabei nicht nur *einen* Weg zum Ziel!

Voraussetzungen zur Vermittlung von Lerninhalten innerhalb des „Offenen Unterrichts"

- gemeinsame Regeln und Rituale vereinbaren und konsequent einhalten („Spielrahmen")
- verschiedene Sozial- und Aktionsformen anbieten – Kooperation (Zusammenspiel) ermöglichen
- zielorientiert, intensiv, jedoch differenziert arbeiten (z. B. durch den Aufbau eines Instrumentenlernzirkels, s. S. 36, Nr. 6)
- schülergesteuerte Lern- und Arbeitsphasen ermöglichen (z. B. in Form von „Projektarbeit")
- Freiarbeitsphasen anbieten (individuelles und selbstständiges Arbeiten)
- regelmäßige Gesprächskreise bzw. Feedbackrunden durchführen (Lernerfolge und „Kritik" äußern)
- „Expert*innen" einladen oder aufsuchen (z. B. gemeinsame Workshops – auch mit Eltern …)

Gerade durch die **Feedbackrunden** bzw. **Gesprächskreise** kann man als Lehrer*in und Schüler*in erfahren, was die gesamte Gruppe vorangebracht hat bzw. wo noch Erarbeitungsschwierigkeiten liegen. Durch Aufnahme (mithilfe von Smartphone, Tablet …) der innerhalb einer Stunde erarbeiteten Rhythmen bzw. Arrangements und anschließende akustische bzw. optische Reflexion können alle Gruppenmitglieder Fortschritte und Defizite erkennen.
Ebenso kann die Lehrkraft mit der Gruppe vor dem Anhören oder Anschauen einer Gruppenübung gemeinsam einen Kriterienkatalog erarbeiten, der bestimmte Hör- bzw. Beobachtungsaufträge enthält. Der Kriterienkatalog dient zur gezielten Beurteilung der eigenen Performance. Kriterien können z. B. Timing (Spieltempo), Dynamik (Lautstärke), Spieltechnik (Bewegungsablauf), Choreografie (Mimik, Gestik …) etc. sein.

Zusammenfassung: Weg zur Vermittlung von Rhythmen

Nach der Festlegung geeigneter Spielräume, Übezeiten, „Spielregeln", (optischer und akustischer) Spielzeichen zum „Dirigieren" und Zielen erfolgen zunächst gruppendynamische Übungen (Kennenlernspiele). Nach Körperwahrnehmungsübungen, Grundpulserfassung (mit Musik in verschiedenen Tempi) und Übungen zur Koordination und Unabhängigkeit werden die genannten Alltaginstrumente in der Gruppe eingeführt, erprobt und vorgestellt. Daraufhin erfolgt die Erarbeitung der Spieltechniken und Umsetzung von bisher körperperkussiv erarbeiteten Rhythmen auf dem Instrument.

Methoden zur Erarbeitung von Rhythmen und Grooves

Rhythmen lassen sich ganz grundsätzlich durch das Zusammenspiel von bewusstem Hören und rhythmischem Bewegen bzw. Vor- und Nachspielen auf verschiedenen Instrumenten vermitteln. Dieses methodische Vorgehen sollte in der Grundschule angebahnt und in weiterführenden Schulen fortgeführt werden. Dazu dienen – analog zu den Bausteinen des Groove-Prinzips (s. S. 22) – unter anderem folgende **zehn Erarbeitungsimpulse, methodische Stationen bzw. Übungsformen**, die mit Körperinstrumenten, Alltagsgegenständen oder anderen Percussioninstrumenten umgesetzt werden können (vgl. auch folgende Kapitel, in denen diese Übungsformen aufgegriffen bzw. vertieft werden):

1. Zeitgefühl – Feel the beat!

Grundlage jeder rhythmischen Arbeit ist das Entwickeln eines gleichmäßigen Zeitgefühls („Timing"). Dabei sollten die Kinder zunächst den eigenen „Puls" (Grundschlag, „Herzschlag") und später den Grundschlag eines Musikstückes wahrnehmen und zum Ausdruck bringen (z. B. durch gleichmäßiges Gehen und/ oder Klatschen oder „Zählen"). Zur Musik von CD oder MP3 (mittleres Tempo) wird die Spielgruppe im Stehkreis aufgefordert, im Wechsel (rechts – links – rechts – links ...) auf der Stelle zu gehen und so den Grundpuls auf die „Füße" zu übertragen.

Der Grundpuls ist meist nichts anderes als die vier Viertelnoten innerhalb eines Vier-Vierteltaktes (4/4-Takt) oder drei Viertelnoten innerhalb eines Drei-Vierteltaktes (3/4-Takt) etc., die dann gleichmäßig „gezählt" werden. Idealer Begleiter zur Entwicklung des Zeitgefühls – und auch bei der Erarbeitung verschiedener Rhythmen – ist ein „Metronom" (im Fachhandel erhältlich oder als Metronom-App bzw. Musiksoftware). Damit lässt sich das Tempo des Grundpulses optisch und akustisch darstellen und verändern. Durch regelmäßiges Üben mit dem Metronom verbessert man seine Fähigkeit, einen Rhythmus in einem bestimmten Tempo gleichmäßig und sicher zu spielen. Dies ist auch die Aufgabe jedes Schlagzeugers bzw. jeder Schlagzeugerin in einer Formation (Band).
Die Gruppe sollte das Erspüren des Grundpulses vor jeder rhythmischen Übung ausgiebig *erleben*. Erst wenn jedes Gruppenmitglied den Grundpuls fühlt, gelingt es, die Gruppe zum sicheren „Grooven" zu bringen.

2. Bodypercussion und Körperkoordination – Spiel mit dem Körperschlagzeug!

Nach der Erarbeitung des Grundpulses und sogenannten Timingübungen übertragen die Kinder einfache Rhythmen auf den Körper. Grundlage dabei ist zunächst das gleichmäßige Gehen (Grundpuls: rechts-links-rechts-links etc. oder andere „Gangarten"). Über den Grundpuls klatscht die Lehrkraft einfache Klatschrhythmen vor, die die Gruppe wiederholt. Dies dient der intensiveren Wahrnehmung, Verinnerlichung und Spielkoordination von Rhythmen, ist jedoch auch eine eigenständige „Spielmöglichkeit" innerhalb eines Bodypercussion-Arrangements, v. a. wenn ein Rhythmus auf verschiedene Gliedmaßen übertragen wird.
Somit können auch komplexe Bodypercussion-Rhythmen innerhalb der Gruppe zum „Klingen" gebracht werden. Die Kinder können beispielsweise – zu einem festgelegten Tempo gemeinsam oder reihum im Stehkreis – abwechselnd auf der Stelle zum Grundpuls mitgehen (rechts – links – rechts – links etc.) und bei den Schritten mit dem linken Fuß parallel mitklatschen. Nach einer bestimmten Zeit (oder auf Zeichen der Lehrkraft) wird die Übung variiert und die Kinder klatschen nun zu den Schritten mit dem rechten Fuß mit. Nun kann die Großgruppe in zwei Kleingruppen geteilt werden, wobei die erste Gruppe zu Schritten mit dem linken Fuß, die zweite Gruppe zu Schritten mit dem rechten Fuß mitklatscht. Statt des Klatschens können auch andere Bodypercussion-Sounds erprobt werden, z. B. Schnipsen, Schnalzen, Patschen etc.

3. Vocalpercussion – Sing it! Play it!

Neben dem „Körper-Schlagzeug" (siehe 2.) kann die Stimme „allein" zur Verinnerlichung von Rhythmen dienen. Bestimmte Laute, Sprechsilben (Wörter) bzw. Melodien und Zahlen (1, 2, 3, 4 …) lassen sich dabei dem Grundpuls bzw. den Rhythmen zuordnen. Beispiele für mögliche „Laute" und „Fantasiesilben": Ka-, Li-, Me-, Ra-, Ma-, Ko-, Si-, Fa- … Mögliche „Wörter" für den 4/4-Grundpuls: „Scho-ko-la-de", „Trom-mel-rhyth-mus", „Mo-na Li-sa", „eins-zwei-drei-vier" etc. Das gleichmäßige „Silben-Sprechen" bzw. „Zählen" der Grundpulsschläge ist die Grundlage zur Erarbeitung und Entwicklung des Zeit-, Tempo-, Rhythmusgespürs. Mit der Stimme können außerdem Percussioninstrumente „imitiert" werden. Die Kinder können dabei versuchen, die unterschiedlichen „Klänge" bzw. Sounds der Instrumente mit der Stimme zu erzeugen. Dies findet vor allem im Rap oder in A-cappella-Ensembles Verwendung („Beat-Box" etc.).

4. Rhythmus-Loop – Rhythmen gemeinsam „einschleifen"

Innerhalb dieser Erarbeitungsphase wird ein (einfacher) Rhythmus von der Lehrkraft so lange (langsam) vorgespielt bzw. wiederholt, bis alle Gruppenmitglieder den Rhythmus erfasst haben und mitspielen können.
Danach kann das Tempo allmählich gesteigert bzw. der Rhythmus ausgebaut (komplexer gestaltet) werden.

5. Call and Response – „Ruf und Antwort"-Spiele

Hier geht es um die „rhythmische Kommunikation" und eine der grundlegendsten Erarbeitungsformen von einfachen (1- bis 2-taktigen) Rhythmen mit den verschiedensten Instrumenten, die in allen Bereichen bzw. Bausteinen (S. 22) eingesetzt werden kann.
In entsprechenden Übungsphasen kann die Lehrkraft ein bestimmtes rhythmisches Muster (oder eine Spielbewegung) „vormachen" bzw. „rufen", das die Gruppe durch „Nachahmung" wiederholt („Echo") oder mit einer anderen (vorher vereinbarten) rhythmischen Figur (oder Spielbewegung) „beantwortet". Dabei sollte darauf geachtet werden, dass das übernommene Tempo bzw. die entsprechende Taktart übereinstimmen und zunächst mit einfachen (meist 1-taktigen) Rhythmen begonnen wird. Meine bevorzugte Aktionsform für diese Erarbeitung

ist der Steh- oder Sitzkreis, denn hier hat man als Lehrkraft einen guten Überblick. Das Call-and-Response-Prinzip kann dabei auf drei Arten verfolgt werden:

- Die Lehrkraft „ruft" (z. B. über die Länge eines Taktes), die gesamte Gruppe antwortet unmittelbar im nächsten Takt in gleicher Länge.
- Die Lehrkraft „ruft" und schickt einen Rhythmus (einen Takt) im Steh- oder Sitzkreis reihum. Die Gruppenmitglieder übernehmen nun nacheinander den Ausgangsrhythmus, bis er wieder bei der Lehrkraft landet.
- Die Lehrkraft „ruft" (einen Takt) und zwei oder mehrere Kleingruppen antworten nacheinander (je einen Takt).

Die „Antwort" der Gruppenmitglieder kann (bezüglich der Taktzahl) so lange wie der „Ruf" dauern (z. B. einen Takt) oder fortwährend wiederholt werden, bis die Lehrkraft die „Antwortschleife" beendet.

6. Spielerisches Entdeckenlassen – Spiel dich frei!

Nur selbstständige spielerische Aktivitäten machen Rhythmen und kreative Spielweisen erfahrbar bzw. „begreifbar". Die Lehrkraft sollte der Gruppe dazu entsprechend Zeit für individuelle „Erprobungphasen", z. B. mit verschiedenen Instrumenten, geben. Diese Methode eignet sich besonders – innerhalb eines zeitlich festgelegten Rahmens – zum Erproben der „Alltagsinstrumente".
Die Gruppe sollte dabei Klangmöglichkeiten bzw. Sound und Spieltechniken entdecken. Dabei kann die Lehrkraft z. B. einen „Instrumentenzirkel" aufbauen oder den Kindern innerhalb eines Sitzkreises verschiedene Alltagsinstrumente zuordnen. Alternativ können die Kinder aus der Sitzkreismitte reihum Instrumente entnehmen und erproben. Anschließend werden die Instrumente reihum vorgestellt (Aussehen, Aufbau, „Sound", Spielmöglichkeiten ...).

7. „Dirigent*in" und „Orchester" spielen!

Auch diese Erarbeitungsform basiert auf der Grundidee des Vor- und Nachmachens: „Call and Response". Jedoch können mit dieser Übung nicht nur einzelne (1-taktige) Rhythmen, sondern auch mehrtaktige, komplexere Rhythmen und sogar komplette Percussion-Arrangements mit verschiedenen Instrumenten erarbeitet werden.

Die Lehrkraft erarbeitet mit der Gruppe zunächst optische und akustische Signale, um die Gruppe in ein Rhythmuspattern bzw. ein Percussion-Arrangement einzuleiten. Dabei wird im Stehkreis ein Gruppenmitglied nach dem anderen vom Dirigenten bzw. der Dirigentin (Lehrkraft oder Schüler*in), der*die in der Mitte steht, „angespielt“.
Der*die Dirigent*in wartet dabei, bis das Gruppenmitglied den vorgespielten Rhythmus übernommen hat. Dann geht er*sie zum nächsten Gruppenmitglied über, das den gleichen oder einen neuen Rhythmus nachspielt. Die Gruppenmitglieder, die vom Dirigenten bzw. der Dirigentin angespielt werden, spielen den Rhythmus so lange durch, bis sie einen neuen erhalten. Während der Spielphase baut der*die Dirigent*in die Rhythmen für die jeweiligen Instrumente nach und nach aus – vom Einfachen zum Komplexen.
Hat jedes Gruppenmitglied *seinen* Rhythmus, kann der*die Dirigent*in die Gruppe weiter „führen“, z. B. einzelne Gruppen auszählen, dynamische Spielweisen (Dynamik und Lautstärke) anzeigen oder die Gruppe (optisch per Hand und/oder akustisch per Pfeifton) ein- und auszählen bzw. pausieren lassen. Das Orchester achtet dabei stets auf die Vorgaben (Körpersprache!) des Dirigenten bzw. der Dirigentin.

8. Mit Rhythmen improvisieren!

In dieser Übung geht es um das Erkennen und Verändern bzw. kreative Weiterentwickeln von „Grundrhythmen“. Hierbei kann die Gruppe selbst Basisrhythmen verändern oder bekannte Rhythmen mit neuen verknüpfen.
Über eine zuvor gemeinsam eingeübte rhythmische Figur darf ein Gruppenmitglied in einem bestimmten Rahmen (Zählzeiten, Taktart, Instrument etc. vorher festlegen) „improvisieren“. Dabei sind Kreativität und Spontaneität gefordert.
Die Improvisation kann zum Einstieg auch über dem gleichmäßigen Grundpuls ausprobiert werden, den die gesamte Gruppe „spielt“ (gehen oder klatschen). Ein Gruppenmitglied improvisiert bzw. soliert darüber („Start“ und „Stopp“ auf Zeichen der Rhythmusdirigentin bzw. des Rhythmusdirigenten).

9. Rhythmen (grafisch) festhalten: kombinieren, arrangieren und komponieren!

Neben dem regelmäßigen Hören (akustisch) und Spielen (motorisch) bietet es sich bereits in der Grundschule an, die Rhythmen in vereinfachter Form auch optisch darzustellen (Symbole, Bilder, „Noten"). Ziel ist es, die erarbeiteten Rhythmen bei den Kindern dauerhaft zu festigen. Das „Lesen" von „Rhythmusbildern" bzw. vereinbarten Zeichen zur Spielweise regt die Schüler*innen an, Rhythmen auch „selbst" darzustellen bzw. zu erfinden und zu analysieren („komponieren"). Dabei ist zunächst darauf zu achten, dass bei der Darstellung des Rhythmus das jeweilige Instrument, die Taktart und Zählweise sowie der gespielte „Notenwert" optisch umgesetzt werden. Dabei bietet es sich an, mit sogenannten „Punktfeldern" zu arbeiten. Diese lassen sich einfach selbst herstellen, z. B. aus 4 „Spielfeldern" aus roter oder weißer Pappe (40 x 40 cm) und 4 „Punkten" aus schwarzem Tonpapier (ca. 20 cm Durchmesser). In jedem Feld, in dem ein Punkt zu sehen ist, erfolgt eine „Aktion" (je nach Absprache z. B. Klatschen, Schlag auf die Trommel etc.). Die Felder werden in einer Reihe nebeneinander auf den Boden gelegt und dabei mit Zahlen (je nach Taktart) versehen. In der Grundschule kann man statt mit Zahlen mit Sprechsilben arbeiten, die während der Spielphase wie „Zauberformeln" gleichmäßig wiederholt werden (z. B. KA-LI-ME-RA). Dies dient zur Festigung des Grundpulses.

Beispiel: Klatschrhythmus im 4/4-Takt in der „Punktdarstellung":

Mögliche Zählweise:	1	2	3	4	…
Mögliche Sprechsilben (statt „Zählen"):	KA	LI	ME	RA	…
Symbol:	●		●		
Instrument/Sound:	klatschen		klatschen		

In diesem einfachen „Klatschrhythmus" werden die „Punkte" geklatscht und die „leeren" Felder zwar „mitgezählt", jedoch nicht „gespielt".

Viele Schüler*innen haben übrigens bezüglich der Darstellungsform von Rhythmen sehr kreative Ideen. Neue rhythmische Kompositionen entstehen einfach dadurch, indem einer oder mehrere Punkte innerhalb des Punktfeldes neu gelegt bzw. ausgetauscht werden. Die Punktefelder können auch erweitert werden (verdoppelt, verdreifacht usw.), um somit das Spielen über mehrere Takte zu veranschaulichen. Ebenso eignen sich Namen von Personen, Tieren, Lebensmitteln etc. zur Verinnerlichung rhythmischer Bausteine, deren „Betonung" mit der Betonung des Nomens übereinstimmt. Das Wort „Eisbecher" stimmt beispielsweise mit dem folgendem rhythmischen Muster überein: Viertelnote und zwei

Achtelnoten (Tipp: sprechen und mitklatschen!). Ebenso kann das Wort „Paprika“ für zwei Achtelnoten und eine Viertelnote oder das Wort „Schokolade“ für vier aufeinanderfolgende Achtelnoten „stehen“. So können die Kinder auch kompliziertere Rhythmen recht einfach über einen Sprechvers verinnerlichen.
Über ein solches Punktsystem können verschiedene Notenwerte, Taktarten und auch komplexere Rhythmen einfach dargestellt, kombiniert und „gefestigt“ werden. Wenn verschiedene Rhythmen mehreren Instrumenten(-Gruppen) zugeordnet werden, ergeben sich einfache Arrangements, die dann die gesamte Gruppe weiterentwickeln kann.

10. „Step by step“ zum Percussion-Groove

„Schritt für Schritt“ sollte das Einüben gerade komplexer Rhythmen bzw. kompletter Percussion-Arrangements mit der Schulklasse erfolgen. Dabei sollten alle Rhythmen zunächst langsam mit der korrekten Spielbewegung bzw. dem korrekten Sound einstudiert werden. Das Tempo sollte allmählich gesteigert werden (Timingsicherheit), bis das „vorgesehene“ Spieltempo erreicht ist. Bei mehrtaktigen Rhythmen bzw. Bewegungsabläufen beginnt die Lehrkraft zunächst mit einem rhythmischen Muster (Pattern) bzw. dem ersten Takt. Die gesamte Gruppe führt den Rhythmus mit der Lehrkraft zunächst langsam und in korrekter Spielbewegung aus, bevor sie zum nächsten rhythmischen Pattern übergeht.
Unten finden Sie je einen Vorschlag zur Erarbeitung eines Rhythmus oder eines ganzen Percussion-Arrangements für den bühnenreifen Auftritt.

Step-by-step: Erarbeitung von ein- oder mehrtaktigen Rhythmen

1. Grundpuls festlegen bzw. von der Gruppe wahrnehmen lassen
2. Rhythmus mit Körper und Stimme erarbeiten bzw. improvisieren (Merksätze, Sprechsilben, Percussion-Sounds)
3. Rhythmus auch grafisch festhalten („kombinieren und komponieren“)
4. Rhythmus auf Instrumente übertragen, dabei auf korrekte Spieltechnik achten
5. Rhythmus erweitern, improvisieren etc.

Rhythmen mit dem Groove-Ensemble schrittweise erarbeiten

Step by step: Erarbeitung von Percussion-Arrangements

1. Den **grundlegenden Aufbau eines Percussion-Arrangements** beachten:
   - **Intro** (Anfang des Stückes): gemeinsamer Beginn oder nacheinander erfolgender Einsatz der Instrumentengruppen
   - **Groove**: verschiedene von der Gruppe gespielte Rhythmen zum gemeinsamen Grundpuls
   - **Break** („kurze Unterbrechungen" des Grooves, z. B. 1-taktiger „Zwischenrhythmus"): von einer bestimmten Instrumentengruppe oder allen Instrumentalisten gleichzeitig gespielt; ebenso können auch bestimmte Instrumentengruppen pausieren, während andere weiterspielen

- **Ending** (Schlussform des Stückes): gemeinsamer Schluss von einem oder mehreren Takten oder nacheinander aufhören bzw. den Groove „auflösen"

2. **Erarbeitung des Grooves**:
Rhythmus mit jeder Instrumentengruppe zunächst separat „spielend" einüben und so den Groove aufbauen. Dabei auch das „Dirigieren" (Zeichen vereinbaren!) üben und nach einer längeren Groovephase die Gruppe z. B. durch viermaliges „Pfeifen" innerhalb eines Vier-Vierteltaktes (Schiedsrichterpfeife oder Ähnliches) „auszählen". Nach den vier Pfiffen pausiert die Gruppe, bis die Lehrkraft sie wieder einzählt bzw. -pfeift. Dies dient zur Vorbereitung der Breakphase!

3. **Erarbeitung des Breaks („Break-Rhythmus")** mit der gesamten Gruppe: Groove und Break sollten als Schleife im Wechsel eingeübt werden. Dabei die Gruppe immer in den Break einzählen (z. B. „optisch": Hand heben und „akustisch": durch viermaliges „Pfeifen" des Grundpulses) bzw. auszählen (z. B. „optisch": Hände über Kreuz und „akustisch": viermal pfeifen)

4. **Schrittweise Erarbeitung des Intros** (Einstieg in das Percussion-Arrangement). Dabei optische und akustische Zeichen vereinbaren („dirigieren"). Am Übergang von Intro zum Groove arbeiten und im Wechsel spielen. Anschließend erfolgt die Form: Intro – Groove – Break – Groove – Intro – Groove – Break – Groove – …

5. Erarbeitung der **Schlussform (Ending)** und des **Übergangs vom Groove in das „Ending"** (Zeichen vereinbaren).

6. Danach: **Kompletter Ablauf** des Percussion-Arrangements.

Übrigens können auch innerhalb eines Arrangements mehrere (verschiedene) Grooves und Breaks eingesetzt werden.

Hinweis zur Differenzierung

Der mit der Stimme erarbeitete Grundpuls bzw. Rhythmus (Sprechsilben, Wörter …) kann anfangs bei der Umsetzung auf das Instrumentarium mitgesprochen bzw. „betont" werden. Die Kinder sollten ihn jedoch nach und nach immer mehr verinnerlichen, d. h. nur noch mitdenken bzw. „fühlen", um dem „verkrampften Mitzählen" vorzubeugen.
Aus diesen zehn Methoden bzw. Übungsimpulsen kann sich jede Lehrkraft *ihren* Weg für *ihre* Gruppe zur Erarbeitung von Rhythmen und Percussion-Arrangements zusammenstellen – je nach Gruppengröße und rhythmisch-musikalischen Fähigkeiten bzw. „Eingreifstellen". Zu beachten ist jedoch dabei, so meine Empfehlung, die Einhaltung des „roten Fadens" (s. S. 21). Je nach Gruppengröße und „Spielniveau" schwankt die Zeit, die man zur Erarbeitung und Verinnerlichung dieser Übungen benötigt. Generell sollte man sich in einer Schulstunde (45 Minuten) auf die Einführung von ein bis zwei der oben genannten zehn Methoden bzw. Übungsformen beschränken.

4. „Alltagsinstrumente" im Unterricht:

Instrumente aus Schrott und Alltagsplunder entdecken

Gerade in der Grundschule nimmt, laut den Lehrplänen der einzelnen Bundesländer, der improvisatorische und kreative Umgang mit unterschiedlichem rhythmisch-musikalischen Material einen hohen Stellenwert ein. Denn das Spielen mit verschiedenen Instrumenten ist eine wichtige Voraussetzung für den Erwerb musikalischer Kompetenzen. Dabei sind im Rhythmikunterricht vor allem folgende „Instrumente" zu berücksichtigen:

- **Körperinstrumente:** „Stampfen", „Klatschen", „Patschen" und „Schnipsen" als Basissounds bzw. Schlagaktionen des „Körperschlagzeugs" (Bodypercussion)
- **Stimme:** Sing- und Sprechsilben bzw. Wörter zum Memorieren und Umsetzen von Rhythmen bzw. zur Imitation von Percussion-Sounds, z. B. „Bumm", „Tschak", „Klack", „Tsike", „Schhh" … (Vocalpercussion)
- **Alltagsgegenstände bzw. Selbstbau- und Effektinstrumente:** Dosen-Rasseln, Holzstäbe („Claves"), „Trommeleimer" und andere Schlaginstrumente
- **Traditionelle Schlag- bzw. Percussioninstrumente:** Holz-, Metall-, Fellklinger, Stabspiele …

Instrumente sollen im erlebnis- und gestaltungsorientierten Prozess (spielerisch) begreifbar werden!

„Stomp" und die „Blue Man Group" zeigen es: „Getrommelt" werden kann generell auf **allen möglichen und unmöglichen Alltagsgegenständen bzw. „-instrumenten"**. Ob Kunststoff, Holz oder andere Materialien – der Kreativität sind kaum Grenzen gesetzt. Angeregt durch einige „klassische“, originelle und kostengünstige Instrumente aus dem Baumarkt, wie Besen, Rundhölzer („Stäbe“), Regen- und Mülltonnen etc., bringen viele Schüler*innen gerne auch eigene, „selbstgebaute“ Instrumente zum Rhythmikunterricht mit und präsentieren sie dem oftmals staunenden Publikum. Übrigens kann auch innerhalb eines **fächerübergreifenden Projektes** (Sachunterricht – Bildende Kunst – Musik) der **Bau oder das „Entdecken“ von Instrumenten** angeregt werden. Die Eltern der Schüler*innen können (z. B. in Form eines übergreifenden Projektes der Schulgemeinschaft mit anschließender Präsentation) beim Instrumentenbau helfend mitwirken, u. a. beim Bau von „Rhythmuskisten“, den Cajons.

Suche nach Materialien für Alltagsinstrumente

Wichtig ist es, zu prüfen, ob die „Instrumente“ hinsichtlich ihrer Größe, Handhabung etc. **spieltauglich und kindgerecht** sind. Gerade „Eimer“, „Besen“ und „Hölzer“ unterschiedlicher Größe sollten mehrfach und auch kraftvoll bespielt werden können, ohne dass eine Verletzungsgefahr besteht. Besonders interessante, kostengünstige und spieltaugliche Instrumente findet man v. a.: im Baumarkt (Besen, Tonnen, Rundhölzer …), in der Natur (Wald: Äste, Steine …), im Haushalt (Küchen- und Gartengeräte), im Schrotthandel (Schilder, Sat-Schüsseln, Autofelgen …), in Großküchen (ausgediente Behälter), auf Baustellen (Kunststoffrohre, Farbeimer …) und auf dem Trödel- bzw. Flohmarkt (Behälter aus verschiedenen Materialien, „Waschbrett“, Blech-Mülleimer …). Der Fantasie sind bezüglich der Materialsuche keine Grenzen gesetzt. Das Spielmaterial sollte zunächst **mit möglichst vielen Sinnen** wahrgenommen werden und anschließend z. B. tabellarisch „eingeordnet“ werden. Dies erleichtert Lehrkräften und Schüler*innen den Zugang zu den folgenden Kompositionen bzw. Percussion-Arrangements. Instrument-Spieltechnik(en) und -Sound(s) können so mit einem Blick erfasst werden.

- **Material (Resonanzkörper):** Holz, Kunststoff, Metall
- **Beschaffenheit der Spielfläche:** rau, glatt
- **Spieltechnik:** Hände, Stöcke …
- **Klang- bzw. Soundeigenschaft:** lang – kurz, hoch – tief …

Die Kriterien dieser Tabelle helfen auch dabei, Instrumente sortiert in Schubladen, Schränken etc. aufzubewahren. Tonnen und Eimer lassen sich ineinanderstapeln, Rasseln, Holzklangstäbe (Claves) etc. in Cajons (Trommelkisten) oder Tonnen aufbewahren.

Ergebnis der Materialsuche im Baumarkt, auf der Baustelle und auf dem Schrottplatz

Innerhalb einer freien Experimentalphase können die gesammelten Gegenstände intensiv – auf spielerische Art und Weise – „begriffen" werden. Durch den handlungsorientierten Umgang bzw. die „Hör- und Spielprobe" innerhalb einer Vorstellungsrunde wird klar, wozu sich die „Instrumente" eignen: Eimer und Tonnen zum „Trommeln", kleinere Behältnisse zum Befüllen und „Rasseln" …
Die „Unterscheidung" der Instrumente bezüglich der oben genannten Kriterien kann auch in Form eines „Instrumentenbaumes" auf einem Plakat erfolgen: In der Mitte des Baumes befindet sich ein „Bild" des Instrumentes und in den Ästen und Zweigen Informationen zu Spieltechnik, Soundeigenschaften, Symbol des Instrumentes usw. „Stamm und Wurzeln" geben Hinweise auf den Ursprung („Geschichte"), virtuose Spieler*innen, besondere „Hörbeispiele" und Materialeigenschaften des Instrumentes.

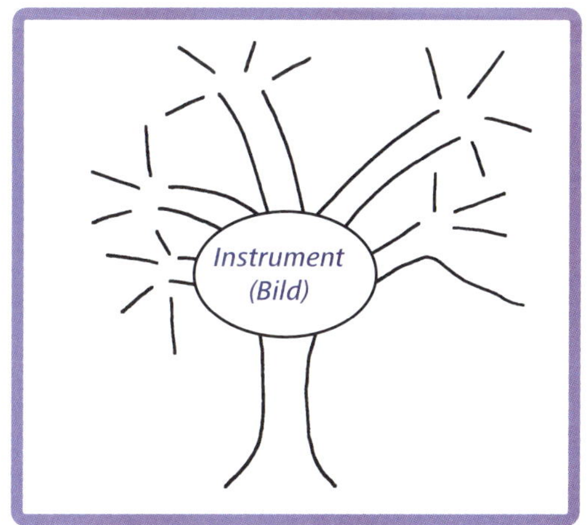

Diese Art der Präsentation und Strukturierungshilfe wähle ich übrigens auch bei der Einführung verschiedener Instrumente innerhalb meines Musikunterrichts. Die Kinder ergänzen dann nach und nach den Baum – der Instrumentenbaum „wächst“ innerhalb des Schuljahres.

Die im Folgenden beschriebenen „Rhythmusinstrumente“ bilden die **Grundausstattung der Gruppe Stomp** in jeder ihrer Bühnenshows:
Bei Stomp läuft alles **über und mit dem Körper (Bodypercussion)** – stampfen, klatschen, schnipsen, patschen, steppen und komplexe Bewegungs-Choreografien.
Verschiedene Arten von **Tonnen** (engl. „bins“), z. B. Mülltonnen, Ölfässer, Regentonnen, Trinkwasserbehälter bzw. Behälter aus unterschiedlichen Materialien und unterschiedlichen Dimensionen, werden umgehängt, an speziellen Gestellen befestigt oder stehen auf dem Boden. Sie können mit Händen oder verschiedenen Stöcken (Filzschlägeln) bespielt werden. Die „Blaue Tonne“ (engl. „blue barrel“) ist ein Behälter für chemische Produkte oder Lebensmittel und eignet sich aufgrund ihrer Beschaffenheit als tiefe „Basstrommel“ (engl. „bassdrum“).
Mülltonnendeckel (engl. „bin lid“) werden, mit Griffen aus Gurtband versehen, schlitternd auf dem Boden bewegt oder aneinandergerieben und -geschlagen.

Alltagsinstrumente-Grundausstattung

Die „Deckel“ erinnern an die „Becken“ eines Schlagzeuges.
Die eingesetzten **Besen** (engl. „broom“) bestehen aus stabilem Holz und besitzen Plastikborsten. Neben den „wischenden“ Besen-Sounds und der Akzente, die man durch Aufstoßen des Borstenkopfes oder Besenstiels auf

den Boden erzeugt, wird das vielseitige Instrument in vielen Percussion-Arrangements – solo oder in der gesamten Gruppe – eingesetzt.
Rundhölzer bzw. Holzstangen (engl. „pole") werden von der Gruppe mit „Trommelstöcken" bespielt, auf den Boden aufgestoßen oder in geschickten Bewegungs-Choreografien – ähnlich einem „Stockkampf" – aneinandergeschlagen.
Die verwendeten **Holzkisten** (engl. „box") ähneln in ihrem Aussehen und ihrer Funktion dem Percussioninstrument „Cajon" (spanisch für „Kiste"). Sie werden im Sitzen mit Händen bespielt und erzeugen warme „Bass-Sounds" und helle „Crashtones".
Eimer (engl. „bucket") aus Kunststoff oder Metall in verschiedenen Größen werden vorwiegend mit den Händen bespielt. Werden an den „Blecheimern" Nieten befestigt, so entsteht ein zusätzlicher „Shakereffekt" (Rassel) beim Schütteln oder Schleifen über den Boden.
Mit Trommelstöcken oder dünnen Metallstangen können Verkehrsschilder, Bleche, Töpfe, Eimer, Autoreifen (Felgen), Kunststoff- und Metallrohre etc. bespielt werden, die an einem **Gerüst (Instrumentenwand)** befestigt sind. Daneben eignen sich auch Streichholzschachteln, Feuerzeuge, ausgediente Spülbecken, Mülltüten, Zeitungen, Kunststoffschläuche, Plastikbecher, allerlei Küchengeräte, Wasserflaschen aus Kunststoff etc. zum kreativen Spiel.

Alltagsinstrumente im Klassenraum und in der Rhythmus-AG

Die oben aufgeführten Instrumente können als Anregung für die grundlegende Ausrüstung eines Percussionensembles in der Schule betrachtet werden.
Die hier aufgelistete Grundaustattung (s. Kasten S. 48) kann je nach Gruppengröße und Erarbeitungsziel flexibel eingesetzt werden.

Dem kreativen Ausprobieren Raum geben!

Alltagsinstrumente-Grundausstattung für eine 12-köpfige „Rhythmusgruppe“

- 6 Besen (mit dem Borstenkopf nach oben und Stiel nach unten gerichtet auch als „Rundhölzer“ einsetzbar)
- 6 Rundhölzer mit „Trommelstöcken“
- 2 große Tonnen mit je zwei Klobürsten
- 6 Eimer (Kunststoff, als „Handtrommel“ oder mit „Trommelstöcken“ bespielen)
- 2 Kehrbleche
- 3 „Holzkisten“ (Cajon)
- Diverse Kleinpercussioninstrumente, wie z. B. „Claves“/Klanghölzer (abgeschnittene „Rundhölzer“ aus dem Baumarkt von je 20 cm Länge) und „Shaker“ (Rasseln befüllt mit Reis, Sand etc.), die auch einfach selbst in der Gruppe hergestellt werden können.

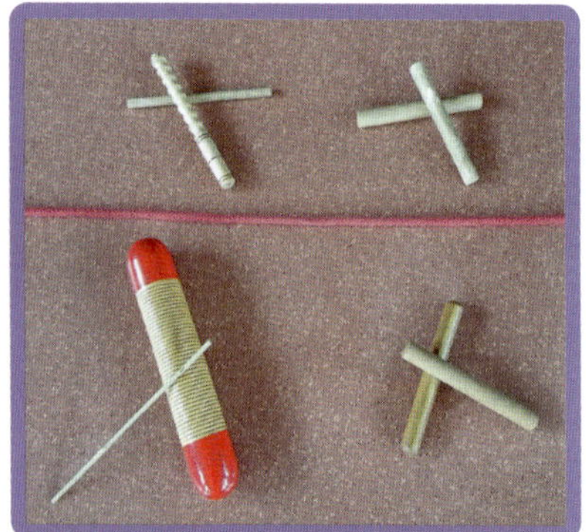

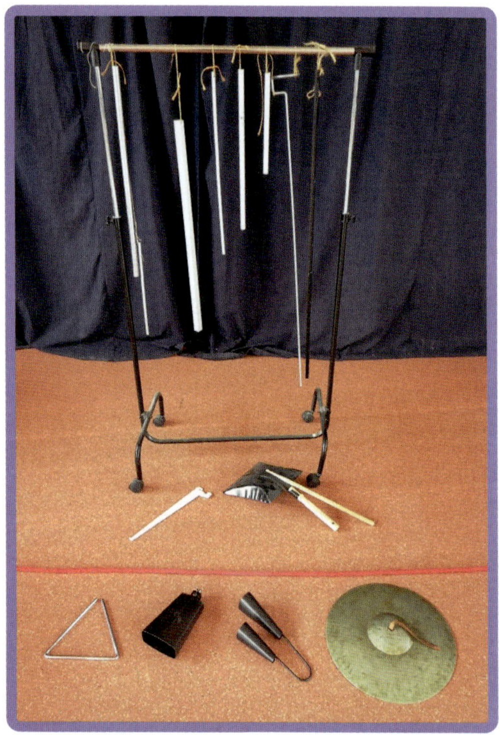

jeweils oben: Alternativ-Instrumente,
unten: Original-Instrumente

Wenn man mit der gesamten Klasse Grooves erarbeiten und umsetzen möchte, kommt es darauf an, welche **Schwerpunkte (Lernziele)** man anstrebt. Wenn man z. B. ein „Kehrstück" einstudieren möchte, ist zu überlegen, ob man dies ausschließlich mit „Besen" aufführt oder eine „Besengruppe" aus 10 Kindern bildet und anderen Kindern „Kehrbleche", „Shaker" bzw. „Rundhölzer" gibt.
Es hängt ganz vom geplanten Percussion-Arrangement ab, mit welchen Instrumenten man seine Grundausstattung ergänzen möchte. Die **Alltagsinstrumente** ergänzen übrigens hervorragend schon in der Schule vorhandene Percussioninstrumente und erzeugen im Zusammenspiel kreative, neue Sounds. Zu beachten ist auch, dass man bei der Auswahl der Instrumente die **Körpergröße der Kinder** berücksichtigt: 2 m lange „Rundhölzer" am besten auf ca. 1,70 m kürzen (der abgesägte „Rest" dient als „Trommelstock") und „kleine" Besen verwenden. Im „Klassenraum" kann die *ganze* Klasse mitspielen und verschiedene Instrumente entdecken: vom Schulranzen über Stühle und Tische bis hin zur Tafel. Tische und Bänke bespielen die Schüler*innen mit ihren Händen oder stabilen Stiften, das Lineal erzeugt Geräusche, indem es am Tisch „befestigt" wie ein Sprungbrett federt, die Tafel wird mit Händen, Zeigestock oder Kreide „bearbeitet" …

Vorhandene Rhythmusinstrumente in der Schule im Überblick:

- **Körperinstrumente:**
  Stimme, Hände, Arme, Beine, Füße …

- **Instrumente im Klassenraum:**
  Tische, Pult und Stühle (zum Einstudieren von „Trommelrhythmen" mit verschiedenen Handsätzen auf Tischkanten, Stuhllehnen etc.), Tafel, Lochbleche bzw. Metallgitter (Magnettafel), Kreide, stabile Stifte, Lineal, Mäppchen, Bücher, Papier, Eimer, Getränkebecher, Brotdosen, Schubfächer oder Box aus Holz oder Kunststoff, Waschbecken, Fensterbänke, Fenster, ausgediente PC-Tastatur, Blumentöpfe, Kartenständer …

- **Instrumente im Musikraum:**
  Kleinpercussioninstrumente bzw. Orff-Instrumente (Shaker, Claves, Cowbells, Triangel, Tamburin, Agogos etc., aber auch Stabspiele), „Trommeln" (Conga, Bongo, Djembe etc.), vor allem zur „Ergänzung" der Alltagsinstrumente

- **Instrumente in der Turnhalle:**
  Fuß- und Basketbälle, auf den Boden aufprallen („dribbeln"), auffangen, gegen die Wand spielen, einander zurollen; „Kegel" und Gymnastikstöcke aneinanderschlagen bzw. auf den Boden (Weichbodenmatte oder Gymnastikmatte) aufstoßen …
- **Instrumente in der Schulküche:**
  Geschirr, Besteck, Kochlöffel, Töpfe, Pfannen, Eimer, Kehrblech, Schränke, Arbeitsplatte, verschiedene Aufbewahrungsbehälter mit unterschiedlichem Material befüllt (Reis, Nudeln, Salz) …
- **Instrumente von Hausmeister*in und Reinigungspersonal oder im „Werkraum":**
  Neue „Mülleimer" und -tonnen, Mülltüten, „Klobürsten", Lappen, verschiedene Besen (auch „Schrubber"), Kehrbleche, Rundhölzer, Kunststoffrohre, Gummischläuche, Bretter, Leisten, verschiedene Behälter, die mit unterschiedlichem Material bespielt werden können …
- **Instrumente auf dem Schulhof und in der Umgebung:**
  Steine, Äste, Zäune, Abfalleimer, Spielgeräte …

Einführung der Instrumente im Unterricht

Gerade das **freie „Experimentieren"** mit diversen „Geräuschemachern" oder „Klangerzeugern" regt die Fantasie und Kreativität der Kinder an. Es sollte unbedingt *vor* der Vermittlung von Spieltechniken oder der Umsetzung von Rhythmen innerhalb der Rhythmusgruppe auf dem Instrumentarium erfolgen. Die **Einführung der Instrumente** innerhalb einer Gruppe kann dabei auf unterschiedliche Art und Weise eher freier oder „strukturierter" stattfinden:

- Im Sitz- oder Stehkreis, indem der*die Übungsleiter*in jedem Gruppenmitglied ein Instrument zuordnet, das es ca. 1 Minute erprobt und danach (auf ein gemeinsames Signal) reihum weitergibt (Instrumententausch), bis jedes Kind alle Instrumente bespielen und erproben durfte.

- Im Sitz- oder Stehkreis, indem die Lehrkraft die Instrumente in der Kreismitte bereitstellt und jedes Kind sich reihum ein Instrument selbst aussuchen darf. Auch hier sollten die Instrumente nach einer vorher vereinbarten Erprobungszeit getauscht werden.
- In Kleingruppen an „Instrumentenstationen", an denen die Lehrkraft verschiedene Instrumente, evtl. bereits nach Material oder Spielweise vorsortiert, bereitstellt (innerhalb eines Raumes oder, wenn möglich, in unterschiedlichen Räumen).

Egal für welche Einführungsart man sich entscheidet, wichtig ist die sich daran anschließende **„Präsentations-" bzw. Feedbackrunde,** in der die Schüler*innen *ihre* Instrumente bezüglich Material, Sound und möglicher Spielweise vorstellen bzw. einordnen. Die kreativen Spielmöglichkeiten der Rhythmusgruppe können nun gesammelt, optisch (mit vereinbarten Instrumenten- oder Spielsymbolen) fixiert und von der Lehrkraft korrigiert bzw. ergänzt werden. In dieser „Experimentalphase" bietet es sich auch an, den Instrumenten entsprechende „Sounds" für spätere Body- und Vocalpercussionübungen zuzuordnen. Durch **Sprechsilben oder Geräusche mit Stimme oder Körper und „Körperbewegungen"** können die Schüler*innen die Originalsounds der Instrumente imitieren. Zur Koordinationsschulung bietet sich ein **Pantomimenspiel** an. Dabei überlegen die Schüler*innen, wie sie die Spielweisen der Instrumente auch pantomimisch (ohne Instrument) darstellen können.
Eine solche **„Experimentierphase"** mit anschließender Feedbackrunde bzw. „Ergebnissicherung" sollte einen (vorher festgelegten!) Zeitrahmen von max. 30 Minuten nicht überschreiten.

*Ziel einer „Erprobungsphase": Jede*r „findet" sein*ihr Instrument. Schüler*innen „entdecken" und präsentieren ihre Groove-Instrumente selbst.*

Nachdem die **Spielmöglichkeiten (Sound- und Spieltechniken)** besprochen wurden, finden nun die einzelnen Instrumentengruppen zusammen. Nach der Methode „Call and response" oder „Dirigent*in und Orchester" ist es nun möglich, **erste einfache Rhythmen**, die zuvor mit Körper und Stimme vertieft und memoriert wurden, mit einzelnen Instrumentengruppen bzw. dem gesamten Ensemble umzusetzen (vgl. Methoden auf S. 35–37).

Möglicher Einsatz von Alltagsinstrumenten im Musikunterricht:

- als „Soloinstrument“: Erzeugung von einzelnen Rhythmen im Solovortrag
- als „Begleitinstrument“: zur Begleitung von Gesang, Sprache und Bewegung sowie zum Vertonen von Gedichten und Texten
- als „Ensembleinstrument“: Teil eines Percussionensembles, das aus mehreren gleichen oder unterschiedlichen Percussion-Instrumenten bzw. Alltagsgegenständen bestehen kann
- zum Ausdrücken von Stimmungen und Gefühlen
- zum Verdeutlichen rhythmisch-musikalischer Strukturen (musikalischer Parameter)
- zur ganzheitlichen Instrumentenkunde und Vermittlung grundlegender Spieltechniken
- zum kreativen und spontanen Erproben, Memorieren und Umsetzen von Rhythmen

Rhythmus- und Alltagsinstrumente kreativ be-spielen und Spieltechniken entwickeln

Achten Sie darauf, dass entsprechende **Vorübungen zum korrekten Bewegungsablauf** zunächst langsam und kontrolliert erfolgen. Dazu kann man in Kleingruppen im Stehkreis arbeiten (z. B. nach der Methode: „Dirigent*in und Orchester“ spielen, vgl. S. 36/37) und sich dem korrekten Bewegungsablauf „spielend“ nähern. Grundlegendes Erarbeitungsprinzip: **Vormachen (Übungsleiter*in) – Beobachten und Nachmachen (Schüler*innen)**. Wenn man mit einer größeren Gruppe arbeitet oder wenige Instrumente zur Verfügung stehen, sollte man mit einem Teil der Gruppe den Bewegungsablauf im Stehkreis erarbeiten. Die anderen Gruppenmitglieder erhalten währenddessen genaue Beobachtungsaufgaben und schauen im Sitzkreis zu oder erarbeiten die Bewegungen „pantomimisch“ mit. Anschließend erfolgt dann ein „Instrumentenwechsel“.

Je nach Leistungsniveau und motorischen Fähigkeiten der Gruppe ist von Bewegungsperfektionismus seitens der Lehrkraft abzuraten. Vielmehr soll die **grund-**

legende Spieltechnik angebahnt und durch Wiederholung vertieft werden. Dabei hilft es, in der Spielsituation die Bewegungsabläufe gelegentlich zu korrigieren bzw. zu erweitern. Von Vorteil ist auch die Erarbeitung der Spieltechnik vor einem Spiegel (Selbstkontrolle).

Was der Kopf theoretisch schnell erfasst hat, muss erst langsam mit dem Körper „begriffen" werden, um korrektes Zusammenspiel zu ermöglichen!

Neben der korrekten Spieltechnik sollte man **auch unbedingt auf den richtigen „Sound" (Klang bzw. Geräusch)** des Percussioninstrumentes achten. Denn: Je besser das Instrument klingt, desto größer die Spielfreude!

Zur Auswahl der Alltags-Percussion-Instrumente im Schulalltag
Verwenden Sie alles, was gefällt, gut klingt, keine Verletzungsrisiken in sich birgt und nicht beim Bespielen zu Bruch geht. Erforschen Sie die Umwelt mit offenen Augen und Ohren!

*„Fundstücke" von Schüler*innen und Eltern, die zum Bespielen anregen!*

Basisinstrumente und Spieltechniken

Besen (aus Holz mit festen, stabilen Borsten)

 [1]

Zunächst eignen sich die Besen zum Erzeugen eines „wischenden“ „Fege-Sounds“ bei Bodenkontakt (ähnlich den „Jazz-Besen“, die man vom Schlagzeug kennt).
Sie erzeugen einen gleichmäßigen „Rhythmusteppich“, auf dem alle weiteren Rhythmusstimmen aufbauen. Aufgrund dieser Funktion und ihres filigranen „Shaker-Sounds“ werden sie von mir häufig in Percussion-Arrangements als separate Kleingruppe präsentiert oder bilden den Anfang des Percussionensembles, wenn es darum geht, ein Komplettarrangement nach und nach aufzubauen.

Besen-Grundhaltung

Spieltechnik: Eine Hand greift etwas unterhalb der Besenmitte, die andere Hand greift oberhalb. Beide Hände halten den Besen (Borstenkopf zum Boden gerichtet!) mit dem Handrücken nach oben fest. Zur Erzeugung des „Wisch-Sounds“ geht man leicht in die Knie und führt eine „Wipp-Wisch-Bewegung“ (vor – zurück) aus, wobei die Borsten jeweils kurz auf den Boden aufgestoßen werden.

Bewegungsablauf 1 (vor):

Bewegungsablauf 2 (zurück):

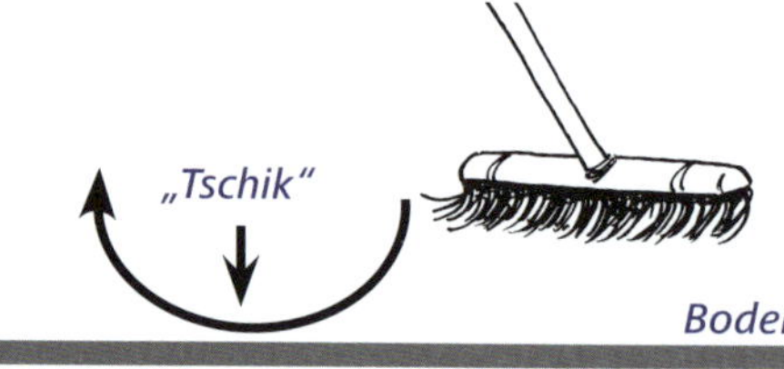

[1] Link: cloud.verlagruhr.de/lerninhalt/fj4dJbl0Aofw/

In der ersten Übungsphase ist darauf zu achten, dass dieser Bewegungsablauf zunächst ganz gleichmäßig (schnell, langsam, laut und leise!) ausgeführt wird. Unterstützend dazu kann man mit der körpereigenen Stimme den „Sound" der Besen imitieren (z. B. „Schhh" oder „Tschik").

Akzent mit der „Besenkante"

Wenn ich bei der Vorwärtsbewegung den Besen leicht nach rechts eindrehe, kann ich **mit der Besenkante** (Borstenkopf) zusätzliche „Akzente" erzeugen („Clack"-Sound).

[2]

Schließlich kann ich auch **mit der breiten Seite des Besens** („Besenrücken" bzw. gesamte Kantenlänge) „spielen" und Akzente setzen.

Besen im Ensemble

[2] Link: cloud.verlagruhr.de/lerninhalt/zmqZsTVHtgJ7/

Wenn man den Besen umdreht und den Besenkopf nach oben aufrichtet, kann man mit einem „Trommelstock" **über die Borsten streichen oder den Besenstiel anspielen bzw. auf den Boden aufstoßen**.[3]
Es sind auch weitere „Sounds" und Bewegungen denkbar.
Eine Vorübung innerhalb einer „Besengruppe" besteht darin, sich zunächst (langsam!) auf die korrekte „Wischtechnik" im gleichmäßigen Grundpuls (z. B. mit dem Metronom oder zur Musik) zu konzentrieren (vor – zurück – vor – zurück – …). Danach kann man zu den „Akzenten" und Spielvarianten übergehen.

Rundhölzer/Holzstangen oder Besen(-Stiel)

Die Rundhölzer aus dem Baumarkt können – wie die Clave (eine mit „Claves"/Klanghölzern gespielte rhythmische „Schlüsselfigur") – als Orientierung im Percussionensemble dienen bzw. Basisrhythmen erzeugen. Ebenso werden sie auch „solo" oder mit weiteren Instrumenten zur Erzeugung eines „Basisgrooves" verschiedener Stilistiken (Rock, Pop, Latin, Hip-Hop …) herangezogen.

Spieltechnik: Man kann die Rundhölzer **senkrecht auf und ab bewegen** und so auf den Boden aufstoßen. Dabei ergreift man die Stange oberhalb der Mitte („Balance-Punkt") etwa in Brusthöhe mit einer Hand und hält sie circa 20 bis 30 cm vom Körper entfernt.

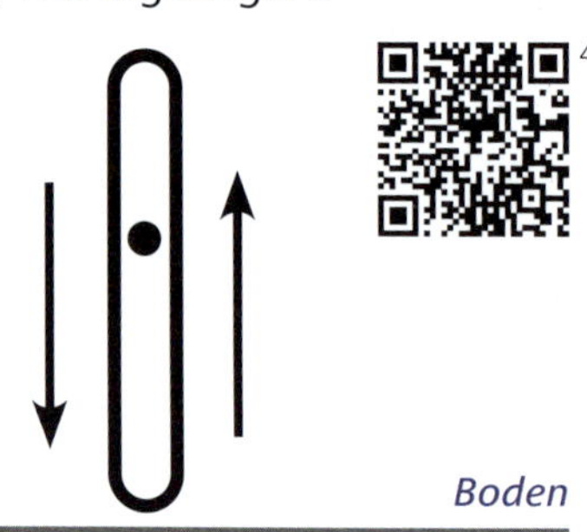

[4]

Bei der **Ausführung der Grundbewegung** ist darauf zu achten, dass der Stock während der Spielphase nicht kippt oder extrem „wackelt". Man muss die Stange auch in hohem Tempo sicher zum Boden führen können. Die **Bodenakzente** sollten sowohl laut als auch leise (sowie schnell und langsam) präzise gespielt werden können. Schließlich kann man die Stange auch waagerecht knapp über dem Boden halten (mit beiden Händen) und dann **schnelle „Paddelbewegungen"** ausführen. Dabei schlagen beide Stabenden schnell auf den Boden.

Mit zwei Stangen, die **über Kreuz gegeneinandergeschlagen** werden, lassen sich „Stockkämpfe" inszenieren. Um **weitere Akzente bzw. komplexe Rhythmen** zu erzeugen, kann ein „Trommelstock", „Holzstab" oder „Klangholz" (Clave) mit der anderen Hand gegen die lange Holzstange geschlagen werden. Dabei

[3] Link: cloud.verlagruhr.de/lerninhalt/0ddcWvcMWkeA/
[4] Link: cloud.verlagruhr.de/lerninhalt/x5ykcdQ2vJJQ/

entstehen folgende zusätzliche „Soundvarianten": „offener" Sound – Stange vom Boden hochheben und mit „Trommelstock" anschlagen, „gedämpfter" Sound – Stange auf dem Boden lassen und anschlagen.

Eine **interessante Soundvariante** erhält man, wenn man in die lange Holzstange unterhalb des Angriffspunktes Kerben feilt, über die man mit dem Trommelstock reiben kann. Sie ähnelt dem Sound des Guiro.

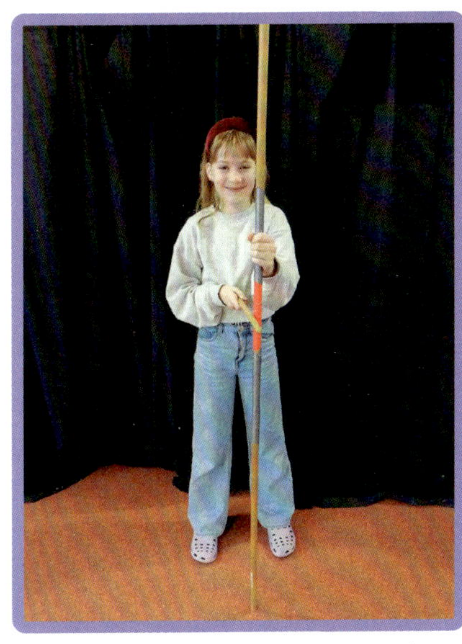

„Stock an Stange" (von vorne)

Als **vorbereitende Stockspiel-Übung** empfiehlt sich zunächst, ein Gefühl dafür zu entwickeln, den Stab senkrecht, im gleichmäßigen Grundpuls auf den Boden aufzustoßen, evtl. begleitet vom entsprechenden Sound (Vocalpercussion-Sound: „Bumm"). Danach kann die senkrecht stehende Stange mit einem Trommelstock angespielt werden (Vocalpercussion-Sound: „Click" oder „Tschak").

Die Schüler*innen können nach dieser Übung **Kombinationen aus „Stange auf Boden" und „Stock an Stange"** erarbeiten. Um die Rhythmen zu vertiefen, können z. B. vier Viertelnoten in verschiedenen Kombinationen aufgeteilt und mit der körpereigenen Stimme „begleitet" werden. Diese Methode eignet sich gut dazu, Rhythmen akustisch und optisch auch „Notenunkundigen" näherzubringen. „Aufgeschrieben" werden statt Noten perkussive Laute, wie z. B.: „Bumm", „Tschak", „Bumm", „Tschak" etc.

Stock an Stange mit verschiedenen Sounds

 [5]

[5] Link: cloud.verlagruhr.de/lerninhalt/fOS4CVlfzxYN/

oben: Original-Instrumente, unten: alternative „Trommeln"

Eimer, Tonnen, Kisten (klassische Kunststoff- oder Blecheimer bzw. Mülltonnen und „Holzkisten")

Diese Instrumente können die Schüler*innen, ähnlich den klassischen Handtrommeln, wie Djembe, Conga, Bongo etc., mit den Händen oder mit (Trommel-) Stöcken, Klobürsten oder ähnlichen Gegenständen (auch: oben, unten, seitlich!) bespielen. Die größeren Tonnen setzen im Percussionensemble häufig die „Grundschläge" und geben somit der gesamten Gruppe das „Timing" bzw. den Grundpuls an.

Tonne-Spielweise im Stehen mit der „Bürste"

Spieltechnik: Größere Tonnen können im Stehen gespielt werden. Kleinere Tonnen bzw. Eimer im Sitzen oder im Stehen zwischen den Beinen bzw. „eingeklemmt" unter einem Arm. Grundsätzlich unterscheidet man **zwei wichtige Soundvarianten**: den „Bass-Sound" (Vokalpercussion-Sound: „Bumm", Tonne/Eimer/Kiste in der Mitte anspielen) und den „Ton-Sound" (Vokalpercussion-Sound: „Tak", Tonne/Eimer/Kiste am Rand anspielen).

 [6]

[6] Link: cloud.verlagruhr.de/lerninhalt/j3CpTZM3Q04B/

Eimer-Spielweise am „Rand" („Ton"-Sound)

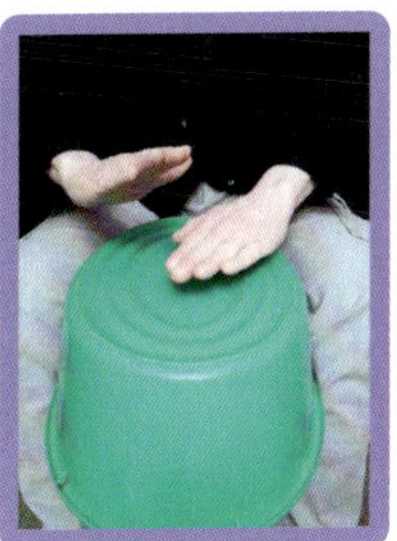
Eimer-Spielweise in der „Mitte" („Bass"-Sound)

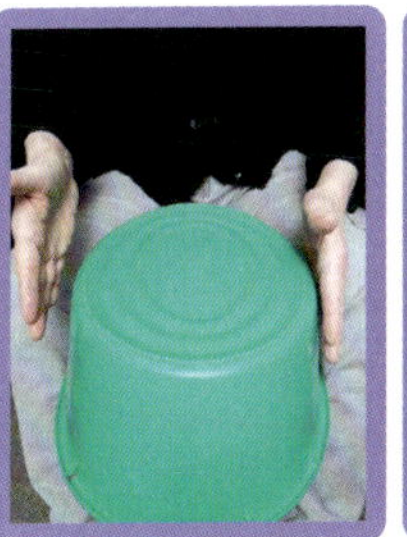
Eimer-Spielweise an der „Seite"

„Trommel"-Spielweise mit Stöcken („Peitschenschlag"-Haltung)

[7]

Holzkisten/Cajon-Spielweise „Ton"-Sound

Holzkisten/Cajon-Spielweise „Bass"-Sound

Holzkisten/Cajon-Spielweise „Bass" und „Ton" im Wechsel

oben: Cajon, unten: alternative Instrumente

Zunächst können die Schüler*innen das abwechselnde, kontrollierte Schlagen (Handspiel-Reihenfolge: rechts – links – rechts – links …) und die verschiedenen „Soundvarianten" erproben. Als „Basistraining" empfehle ich, anschließend **„Handsatzübungen"** durchzuführen, wie sie in jeder Schlagzeugschule für Anfänger*innen zu finden sind und später von mir erläutert werden.

Kreatives Trommeln – Gegenstände zum Betrommeln entdecken

- **Hände:** Handfläche, Faust, Knöchel, Hohlhand, Fingernägel …
- **Holz:** Trommelstöcke, China-Stäbchen, Kochlöffel …
- **Metall:** Eisen- und Alustäbe, Rührbesen, „Besteck" …
- **Kunststoff:** Röhren („Boomwhackers"), Sanitärrohre, Stäbe …

Die hier aufgeführten „Gegenstände" können die Schüler*innen in unterschiedlicher Stärke bzw. Länge auch selbst „gegeneinanderspielen" oder zum (zunächst vorsichtigen) Betrommeln von anderen Gegenständen bzw. „Resonanzkörpern" heranziehen. Es ist darauf zu achten, dass sie die Gegenstände nicht bereits in der Erprobungsphase beschädigen.

[7] Link: cloud.verlagruhr.de/lerninhalt/3oxYjGM95Jv8/

Zur Spieltechnik mit „Trommelstöcken“ auf eine waagerechte Spielfläche: Jede **Schlagbewegung** sollte unverkrampft und locker ausgeführt werden. Der „Trommelstock“ muss dennoch „kontrolliert“ bewegt werden. Der Stock wird dabei – vom Stielende her gesehen – im ersten Drittel, zwischen Daumen und erstem und zweitem Glied des Zeigefingers, gehalten: am „Balancepunkt“. Die restlichen Finger halten das Stockende unverkrampft fest. Wenn nun der Handrücken nach oben gedreht wird, sollte der Stock eine Verlängerung des Unterarmes bilden. Der **Bewegungsablauf bei der Ausführung eines Schlages** gleicht einer „Peitschenbewegung“, bei der die Stockspitze aus Arm, Handgelenk und Fingern zur Mitte der Spielfläche bewegt wird (senkrechte Auf- und Abwärtsbewegung!). Nachdem der Schlag ausgeführt wurde, „federt“ der Stock wieder von der Spielfläche zurück (Merkhilfe: „Trampolin“). Er wird also nicht mit aller Kraft in die Spielfläche hineingepresst. Als **Basisübung** können die Kinder die korrekte Stockhaltung vor einem Spiegel erarbeiten. Dabei sollte die Spielbewegung mit wechselndem Handsatz (rechte Hand – linke Hand – rechte Hand …) möglichst gleichmäßig ausgeführt werden. Dabei können die Schläge in verschiedenen Tempo- und Dynamikstufen (langsam – schnell, laut – leise) ausgeführt werden. Je nach Größe und Material „klingen“ die „Trommeln“ verschieden. Auch **Klangexperimente,** z. B. mit den Deckeln von Eimern oder Mülltonnen (Blech!), sollten durchgeführt werden. Die „Street-Drummer“ aus New York sind „Schlagzeuger“, die auf der Straße mit Kunststoff- und Blecheimern rhythmisch experimentieren. Sie zeigen, dass man auch komplette Schlagzeugrhythmen mit Händen, Trommelstöcken und Füßen auf Eimern und Tonnen umsetzen kann.

Holzkisten/Cajon-Sitzposition (von der Seite)

8 

Gebrauchsschrott, Kochgeschirr & Co.

Mülltüten, unterschiedlich gefüllte Dosen („Shaker“), Flaschen, Blechgeschirr, Töpfe, Pfannen, Becher, Plastikgeschirr, PVC-Rohre etc. können gegeneinandergeschlagen, -gerieben, mit Händen oder Stöcken bespielt werden. Sie bilden auch interessante Schlagobjekte. Diese Materialien, vor allem Metallstäbe bzw. -rohre, können auch „frei schwebend“ an einer Leiter, Stange oder einem Gerüst befestigt und so z. B. mit einem Metallstab bespielt werden („Klangbaum“).

[8] Link: cloud.verlagruhr.de/lerninhalt/l0GWuzbz6tKi/

5. Rhythmus-Workshop in der Schulpraxis

Anhand einer **konkreten Verlaufsplanung** möchte ich zeigen, wie man als Übungsleiter*in nun die bisher dargelegten Grundlagen innerhalb einer Rhythmusgruppe umsetzen kann.

Gruppendynamisches Erarbeitungsprinzip von Rhythmen:

- Rhythmen erst mit dem Körper „begreifen", dann erst auf dem Instrument umsetzen, z. B. mit der Stimme: „singen", „zählen"
- Rhythmen erst langsam mit der gesamten Gruppe einstudieren, später reihum spielen lassen bzw. die Gruppe „aufteilen"
- Rhythmen zunächst ganz frei ohne „Metronom", später mit Metronom und Tempovariationen erarbeiten
- wenn Puls, Rhythmus und Bewegungsablauf sicher beherrscht werden: dynamische Spielweisen erproben („Akzente" setzen, laut – leise bzw. schnell – langsam spielen)

Pulstraining: Grundlegende Übungen für Rhythmus- und Körpergefühl

Wie bereits erwähnt, starte ich zunächst mit **gruppendynamischen Übungen** („Warm-up") bzw. „Kennenlernspielen". Als Warm-up spiele ich z. B. dieses Begrüßungsspiel mit der Lerngruppe: Die Kinder gehen zur Musik durch den Raum. Wird die Musik unterbrochen, „begrüßen" sie sich mit einer vorher vereinbarten Geste.

Nach einigen Kennenlernspielen gehe ich zum **„Pulstraining"** über. Ziel ist es dabei, ein Gefühl für die Grundschläge innerhalb eines Rhythmus zu bekommen. Denn: Ohne Puls keine rhythmische Bewegung.

Um einen **Rhythmus ganzheitlich zu erfassen** und nachzuvollziehen, benötige ich genaue Kenntnis über den Puls. Der Abstand der hörbaren Grundpulsschläge hängt vom jeweiligen Spieltempo ab: Je langsamer das Tempo, desto größer der Abstand der Grundpulsschläge; je schneller das Tempo, desto kleiner der Abstand der Pulsschläge.

Übung 1

Zum Erfassen der Pulsation gehe ich zunächst vom **eigenen Körper** aus. Jedes Gruppenmitglied sollte den eigenen Puls erspüren (z. B. am Hals, Handgelenk …) und ihn (vor-)klatschen, -klopfen, -patschen etc.

Übung 2

Danach widme ich mich dem **„Gruppenpuls"** und lasse – zunächst **ganz frei** – *einen* Klatschimpuls oder *zwei* Stampfimpulse (z. B.: rechter Fuß – linker Fuß) im Stehkreis reihum „laufen". Um konzentriert und intensiv zu arbeiten, ist guter Blickkontakt notwendig: Bei der bewussten Weitergabe des „Impulses" schaue ich meinem*meiner Nachbar*in in die Augen! Nach einiger Zeit bildet sich so aus dem vorher *freien* Impuls ein regelmäßiges Gruppentempo (Zeit lassen!).

Übung 3

Übung 2 wiederhole ich mit einem **„festen", vorgegebenen Bezugspuls** (z. B. mit einem Metronom oder mit einer Trommel erzeugt). Diesen klatscht die Gruppe gleichmäßig (gemeinsam) nach und/oder stampft mit. Dabei verändere ich auch das Tempo des „Bezugspulses" und achte darauf, dass die Gruppe ebenfalls diese Tempoänderung umsetzt. Als Variation kann man verschiedene „Bodypercussion-Sounds" erproben. Nach dem *gemeinsamen* „Spiel" kann die Weitergabe von verschiedenen Bodypercussionbewegungen bzw. -sounds auch reihum, z. B. innerhalb einer vorher festgelegten Anzahl von Grundpulsschlägen (3er-, 4er- oder 5er-Gruppierungen), erfolgen.

Übung 4

In einer letzten Übung zur Entwicklung des Puls- und Timinggespürs höre ich mir mit den Schüler*innen (Rock-, Pop- oder Latin-) Musik – zunächst im mittleren Tempo – an. Der Gruppe gebe ich die Aufgabe, **den Puls der Musik** nachzuklatschen bzw. im Stand „mitzugehen". Das „Gehen" des Grundpulses bildet die Basis bzw. den festen Bezugspunkt für viele rhythmische Übungen, da der Puls der Musik „von unten“ her **auf den ganzen Körper übertragen** und somit spürbar wird. Kindern bereitet es auch Freude, sich einfach frei zur Musik zu bewegen bzw. ganz ungehemmt zu tanzen und so den Puls der Musik zu verinnerlichen. Dazu dürfen die Kinder auch selbst (geeignete) Musik mitbringen oder auch „Tanzschritte“ erfinden und vorführen. Rhythmische Übungen zur Musik mit geeigneter Musikanlage sind übrigens eine gute Alternative zu den Timingübungen mit einem Metronom, das den Pulsschlag lediglich durch ein mehr oder weniger gut hörbares Klicken wiedergibt.

Übung 5

Nun fasse ich die gleichmäßigen, **vorher erarbeiteten Pulsschläge** zu (3er-, 4er-, 5er- …) Gruppen zusammen und erzeuge somit ein Gefühl für (3/4-, 4/4-, 5/4- …) „Takte“ und die korrekte Zählweise (durch Zahlen oder Silben). Das **laute Zählen** ist dabei zunächst ein Hilfsmittel, damit man genau weiß, *was wann* gespielt wird, und sollte nach und nach verinnerlicht werden („still mitzählen“). In einem 4/4-Takt beispielsweise wird **gleichmäßig** geklatscht und/oder gestampft und jeweils bis „vier“ gezählt oder mittels „Fantasiesilben“ mitgesprochen. Dadurch werden die „Grundschläge“ zu 4er-Gruppen zusammengefasst.

Beispiel (4er-Gruppe von Pulsschlägen):

	Takt 1				Takt 2				Takt 3 …
Zähle:	**1**	2	3	4	**1**	2	3	4	**1** …
Oder sprich:	**KA**	LI	ME	RA	**KA**	LI	ME	RA	**KA** …
Aktion: „klatschen“	**X**	X	X	X	**X**	X	X	X	**X**

Diese Übung wird anschließend auf der Stelle „gegangen“ (rechter Fuß – linker Fuß). Zunächst geht die gesamte Gruppe den 4er-Puls, dann jede*r reihum einen Takt (bis „4“ zählen!). Danach kann man die Übung mit festem Bezugspuls (Metronom bzw. Musik) reihum „wandern“ lassen. Gerade bei den „Taktspielen“ und beim späteren Erarbeiten von Rhythmen ist die „1“ („The big ONE“) ein zentraler Bezugs- und Orientierungspunkt. Daher sollte man auch einige Zeit darauf verwenden, die „1“ zu verinnerlichen, indem man sie z. B. anfangs leicht „betont“. Damit die Gruppe auch ein Gefühl für den Anfang und das Ende eines Rhythmus entwickelt, kann man mit ihr zunächst einen Takt „spielen“ und den nächsten

„pausieren" (also nur „mitzählen"), aber nicht mitspielen. Dies ist ebenfalls eine **grundlegende Übung für das spätere „Break-Spiel" und „Improvisieren"** in Percussion-Arrangements.

Wie in diesem ausführlichen Beispiel für den 4/4-Takt, können nun auch 3/4-Takte („zähle" bis „3") oder auch komplexere 5/4-Takte („zähle" bis „5") erarbeitet werden. In der Grundschule reichen Übungen zum 4/4- und 3/4-Takt völlig aus!

[9]

Übung 6

Nun erarbeite ich die **„Notenpyramide"** mit allen **Notenwerten**, die ich für die späteren Rhythmen benötige. Dabei sind in der Grundschule ganze, halbe, Viertel- und Achtelnoten innerhalb eines 4/4- und 3/4-Taktes zunächst völlig ausreichend (s. u.), um z. B. diverse traditionelle Rhythmen von (Kinder-)Liedern zu erfassen. In entsprechenden Übungen gehe und zähle ich zunächst den Grundpuls mit der gesamten Gruppe. Dazu klatsche ich anschließend die „Notenwerte" nach dem „Call-and-Response-Prinzip" einen Takt vor, wobei die Gruppe diese im nächsten Takt „nachklatscht". Ich gehe erst dann zum nächsten Notenwert über, wenn die gesamte Gruppe den ursprünglichen Notenwert erfasst hat.

Die „kleine" Notenpyramide als Ausgangsbasis zur Erarbeitung verschiedener Rhythmen

1 2 3 4

Entsprechende Pausen:

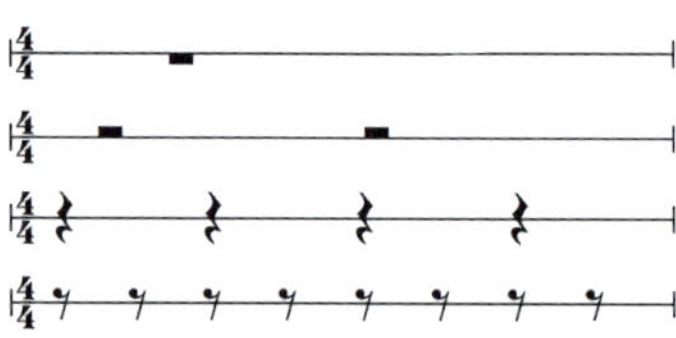

Bereits aus diesen Noten- und Pausenwerten können zahlreiche Rhythmen der Lehrkraft bzw. von den Schüler*innen selbst entwickelt, mit Körper und Stimme verinnerlicht und später auf die Alltagsinstrumente übertragen werden. Wird diese Notenpyramide um Achteltriolen, Sechzehntelnoten, Sextolen und Zweiunddreißigstelnoten erweitert, spricht man von der „großen" Notenpyramide.

[9] Link: cloud.verlagruhr.de/lerninhalt/CIXqY3NMvOVU/

Schließlich kann man **eine große Gruppe von Mitspieler*innen auch in vier Kleingruppen aufteilen** und – beim gemeinsamen Grundpuls im Gehen (Viertelnoten) – die Notenwerte nacheinander (reihum) taktweise klatschen (rauf und runter). Die Takte bzw. Notenwerte sind dabei jeweils nur separat zu hören. Die Gruppen spielen dabei lediglich einen Takt und pausieren so lange, bis ihr Notenwert im Verlauf der Notenpyramide wieder an der Reihe ist. Dabei ist zunächst die Gruppe 1 mit der ganzen Note an der Reihe, danach Gruppe 2 (während Gruppe 1 pausiert) mit den beiden halben Noten und schließlich Gruppe 3 (während Gruppe 1 und 2 pausieren) mit Vierteln und Gruppe 4 mit Achteln. Diese Übungsform kann man auch mit anderen „Instrumenten" zunächst mehrfach „rundspielen"; anschließend wechseln Instrumente (und Notenwerte) innerhalb der Gruppe.

Die **„Schlussübung"** sollte so ausgeführt werden, dass alle Notenwerte *zusammen* „erklingen" und mehrfach „rundgespielt" werden: Gruppe 1 beginnt, danach steigt Gruppe 2 ein (während Gruppe 1 weiterspielt), schließlich kommt Gruppe 3 hinzu (während Gruppe 1 und 2 weiterspielen) und letztlich steigt Gruppe 4 mit ein, bis alle Notenwerte bzw. Taktarten „übereinandergelagert" zusammen erklingen.

Tipp: Diese Übungen sollte die Gruppe auch zu Musikstücken verschiedener Musikstile erproben.

*„Dirigent*in und Orchester"*
– Spiel- und Erarbeitungsmethode

Übung 7

Nach den Übungen mit der Notenpyramide erarbeite ich – nach dem „Call-and-Response"- oder „Dirigent*in-und-Orchester"-Prinzip – **verschiedene ein- oder mehrtaktige Rhythmen**. Diese setzte ich vorher aus unterschiedlichen Notenwerten und Pausen zusammen. Die Rhythmen können auch komplett oder teilweise aus den späteren Percussion-Arrangements stammen und „Schritt für Schritt" (mit dem Körper!) erarbeitet werden.

Rhythmusbausteine: Rhythmen kreativ mit dem Rhythmusbaukasten entwickeln

Rhythmusbaukasten 1: Punkt-Rhythmus-Felder, 4er-Gruppen

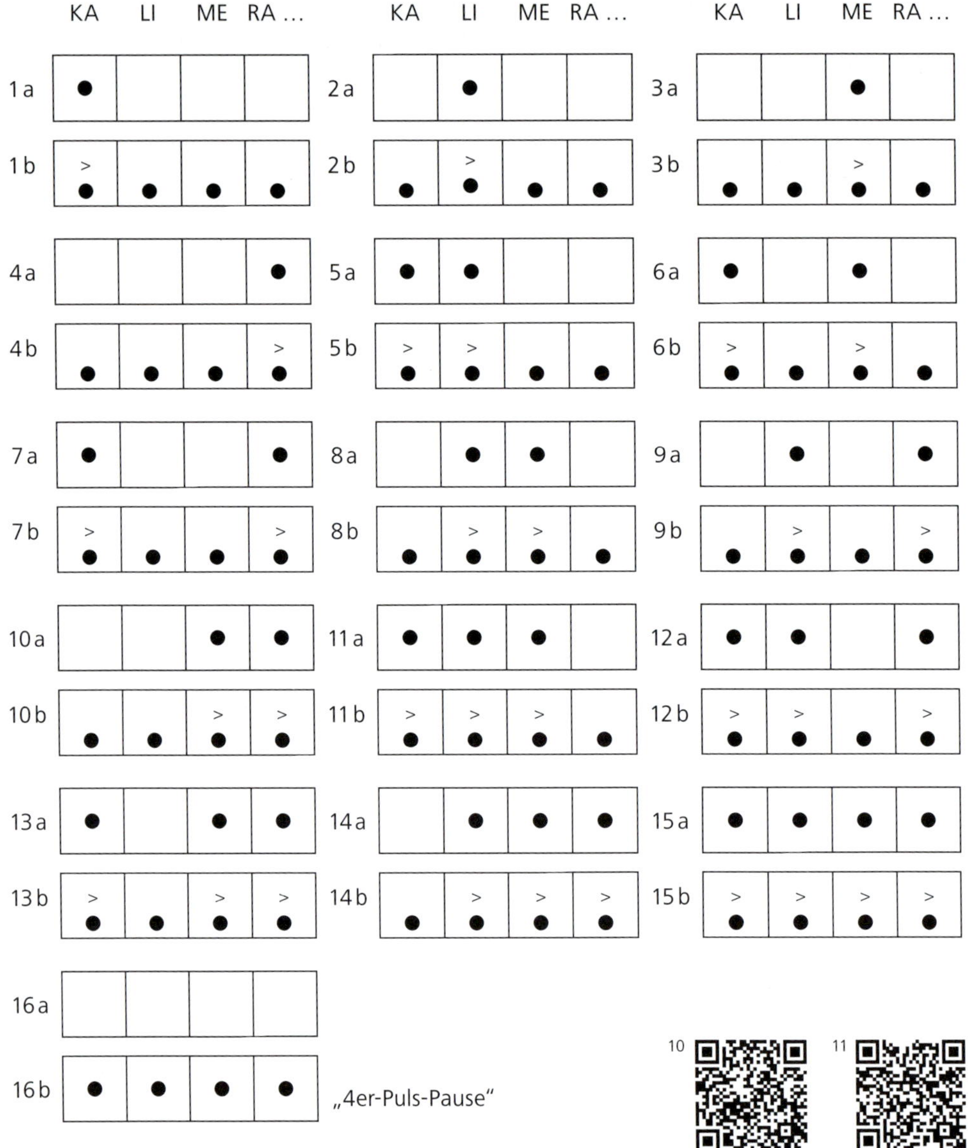

Hinweis: Die Videobeispiele sind auch zum direkten „Mispielen“ gedacht: nach dem Einzählen wird jeder Baustein (4er-Gruppe) viermal vorgespielt; danach kann er viermal nachgespielt werden.

[10] Link: cloud.verlagruhr.de/lerninhalt/cafE3owVOhWf/
[11] Link: cloud.verlagruhr.de/lerninhalt/BH2PUk1Wv9IA/

Der „Rhythmusbaukasten 1“ (s. o.) dient mir als **Grundlage bzw. „Rhythmusfundgrube“ zur Erarbeitung verschiedener Rhythmen bzw. Percussion-Arrangements,** mit dem ich eine ganze Reihe kreativer Übungen in der Schule umsetzen kann. Viele auch komplexere Rhythmen lassen sich aus den einzelnen „Bausteinen“ zusammenfügen und „spielen“. Außerdem entwickeln bereits Kinder durch diese einfach gehaltene und somit anschauliche „Notenschreibweise“ schon recht schnell eigene „Kompositionen“ im spielerischen Umgang: Punkte in die Kästchen (selbst) „malen“ oder mehrere „Rhythmusbausteine“ zusammenfügen, bis ein Takt entsteht (s. Anwendungsmöglichkeiten auf S. 69/70). Übrigens können die Kinder so recht schnell, übersichtlich und einfach an das „Spiel mit Noten“ bzw. Rhythmen herangeführt werden. Der handelnde Umgang mit den „Punktrhythmen“ macht auch komplexere Rhythmen für Kinder begreifbarer. Später können die Punktrhythmen schließlich in „echte Noten“ umgewandelt werden.

hythmusbaukasten 2: Punkt-Rhythmus-Felder, 3er-Gruppen

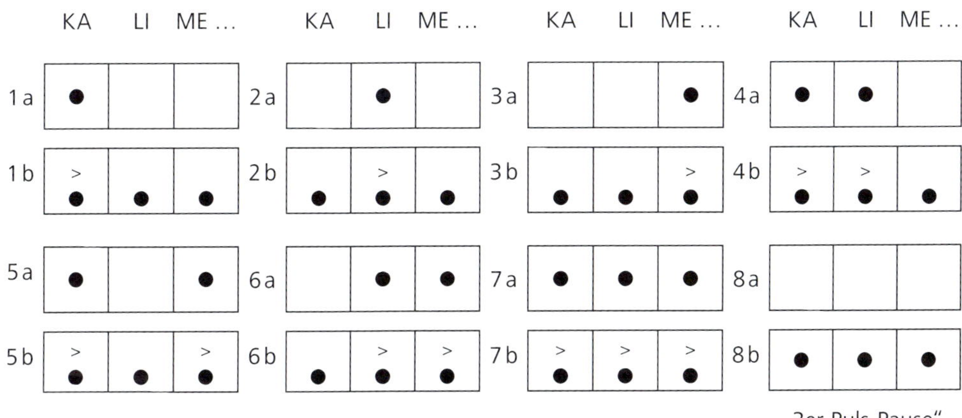

Hinweis:
Rhythmen aus **Rhythmusbaukasten 1** kürze ich mit **RB 1** ab;
Rhythmen aus **Rhythmusbaukasten 2** mit **RB 2**.

Die folgenden Videobeispiele sind auch zum direkten „Mispielen“ gedacht: nach dem Einzählen wird jeder Baustein (3er-Gruppe) viermal vorgespielt; danach kann er viermal nachgespielt werden.

12  13 

[12] Link: cloud.verlagruhr.de/lerninhalt/FR15KqUQyFRU/
[13] Link: cloud.verlagruhr.de/lerninhalt/m0G2JR1BAuJI/

Exkurs: Pulsgruppierungen für Fortgeschrittene

Wenn ich in Rhythmusbaukasten 1 von 16 Pulsschlägen pro Takt ausgehe (16 Sechzehntelnoten im 4/4-Takt), kann ich die Schläge – im Gegensatz zur 4er-Gruppierung – auch in 2er-, 3er-, 5er- … Gruppen unterteilen bzw. akzentuieren. So erhalte ich interessante „Pulsschläge" bzw. Akzente, die z. B. von Hand zu Hand auf einer „Trommel" gespielt oder körperperkussiv interpretiert werden können. Ebenso funktioniert es mit Rhythmusbaukasten 2, ausgehend von 12 Pulsschlägen pro Takt (entsprechen 4 Achteltriolen im 4/4-Takt).

Beispiele (Zählweise analog zum Pulsspiel):

Rhythmusbaukasten 1: 16 Pulsschläge und verschiedene Gruppierungen

	1	2	3	4
2er-Gr.	**KA**-LI-**ME**-RA-	**KA**-LI-**ME**-RA-	**KA**-LI-**ME**-RA-	**KA**-LI-**ME**-RA
3er-Gr.	**KA**-LI-ME-**RA**-	KA-LI-**ME**-RA-	KA-**LI**-ME-RA-	**KA**-LI-ME-**RA**
4er-Gr.	**KA**-LI-ME-RA-	**KA**-LI-ME-RA-	**KA**-LI-ME-RA-	**KA**-LI-ME-RA
5er-Gr.	**KA**-LI-ME-RA-	KA-**LI**-ME-RA-	KA-LI-**ME**-RA-	KA-LI-ME-**RA**
6er-Gr.	**KA**-LI-ME-RA-	KA-LI-**ME**-RA-	KA-LI-ME-RA-	**KA**-LI-ME-RA usw.

Rhythmusbaukasten 2: 12 Pulsschläge und verschiedene Gruppierungen

	1	2	3	4
2er-Gr.	**KA**-LI-**ME**-	KA-**LI**-ME-	**KA**-LI-**ME**-	KA-**LI**-ME
3er-Gr.	**KA**-LI-ME-	**KA**-LI-ME-	**KA**-LI-ME-	**KA**-LI-ME
4er-Gr.	**KA**-LI-ME-	KA-**LI**-ME-	KA-LI-**ME**-	KA-LI-ME
5er-Gr.	**KA**-LI-ME-	KA-LI-**ME**-	KA-LI-ME-	KA-**LI**-ME usw.

Wenn man sich das interessante Hör- und Spielerlebnis nicht entgehen lassen möchte, empfehle ich, bei diesen Übungen **zunächst den Grundpuls (Viertel)** mitzugehen, sämtliche Pulsschläge (leise) zu klatschen und die fett gedruckten zu betonen (lauter klatschen) und entsprechend mitzuzählen. Anschließend kann man **nur die betonten Pulsschläge** mitklatschen. (Die restlichen Pulsschläge sollte man jedoch mitdenken.)

Eine weitere Übung besteht darin, die **akzentuierten Pulsschläge** zu klatschen und die restlichen Pulsschläge nur „mitzugehen".

Letztendlich kann man diese Übungen **auf verschiedene Instrumente übertragen**. Sie kann auch als „Break" dienen, wenn z. B. ein Rhythmus kurzzeitig unterbrochen werden soll. Der Fantasie sind keine Grenzen gesetzt!

Der Rhythmusbaukasten im Percussion-ensemble: Interpretationsmöglichkeiten und Anwendung

Die Rhythmusbausteine sind als **rhythmisches Repertoire** für die Lehrkraft (und fortgeschrittene „Schüler*innen") gedacht. Sie können zu unterschiedlichen Übungen herangezogen werden und zeigen alle möglichen „Spielvarianten" innerhalb einer 4er- bzw. 3er-Gruppe bzw. der entsprechenden Akzentsysteme.

Rhythmusbausteine aus den Rhythmusbaukästen 1 und 2

Diese Bausteine können zum **Aufbau von ein- oder mehrtaktigen rhythmischen Figuren** („Pattern") dienen, nachdem sie separat mehrere Male hintereinander gespielt, „einstudiert" bzw. verinnerlicht wurden (Übungen: s. o.) Dabei besteht eine Möglichkeit darin, jedes „Kästchen" als eine Zählzeit anzusehen, sodass man unterschiedliche Noten-Pausensysteme von Viertelnoten innerhalb eines 4/4-Taktes (4er-Gruppen) bzw. 3/4-Taktes (3er-Gruppen) erhält:

- *eine* „4er-Gruppe" (4 Kästchen) = *ein* 4/4-Takt
- *eine* „3er-Gruppe" (3 Kästchen) = *ein* 3/4-Takt

Beispiel im 4/4-Takt (jedes Kästchen = eine Zählzeit):

	1	2	3	4
6 a)	•		•	

Des Weiteren kann aber auch *eine* „4er-Gruppe (je vier Kästchen)" bzw. *eine* „3er-Gruppe (je drei Kästchen)" als eine „Zählzeit" innerhalb eines Taktes betrachtet werden. Somit können auch komplexere Rhythmen einfach dargestellt werden (je nach Zählzeit ein 4er- oder 3er-Baustein). Bei diesem

Interpretationsschema werden die 4er-Gruppen als Sechzehntelnoten und die 3er-Gruppen als Achteltriolen aufgefasst. In einen 4/4-Takt können insgesamt 16 Kästchen bzw. Sechzehntelnoten oder 12 Kästchen bzw. „triolische" Achtelnoten aneinandergehängt werden. Beispiel mit 4er-Bausteinen:

Zählzeit:	1				2				3				4			
6 a)	●		●		●		●		●		●		●		●	
Oder:	●		●			●		●	●		●		●	●		●

Ab der Zählzeit „2" können nun z. B. neue 4er- (oder 3er-)Gruppen eingefügt werden, bis der Takt zur Zählzeit „4" gefüllt ist.
Selbstverständlich können auch 4er- und 3er-Gruppen innerhalb eines Taktes bzw. kompletten Percussion-Arrangements „gemischt" werden.

Je nachdem, für welches Interpretationsschema man sich entscheidet, kann man allein durch diese vereinfachte Darstellung viele verschiedene Notenwerte „spielerisch" auf optischem und akustischem Weg in der Gruppe erarbeiten – ohne wirkliche Notenkenntnisse!

Reihe a) und b) meiner rhythmischen Bausteine

Die obere Reihe a (4er- oder 3er-Gruppen) ist als „Noten-Pausensystem" zu verstehen, wobei ein Kästchen mit einem Punkt eine Aktion („Trommelschlag" oder „klatschen" oder „stampfen" oder …) beinhaltet und ein Kästchen ohne Punkt als „Pause" interpretiert werden soll, bei der zwar keine Aktion ausgeführt wird, die jedoch „mitgezählt" wird.
Die untere Reihe b gibt den „4er-Puls" bzw. „3er-Puls" an, der durchgehend gespielt wird. Dabei werden einige Punkte (Akzente) betont bzw. „akzentuiert" („Akzentsysteme") und die übrigen Pulsschläge innerhalb des Taktes leise gespielt.
Je intensiver man sich im Rahmen von entsprechenden gruppenspezifischen Hör- und Spielübungen mit diesen Bausteinen befasst, desto leichter fällt das anschließende Umsetzen von Rhythmen mit „Kopf, Herz und Hand".

Body- und Vocalpercussion

Bodypercussion

Innerhalb der bisher erwähnten Vorübungen (Puls- und Timingübungen) wurden auch schon grundlegende Erfahrungen zur rhythmischen Koordination bzw. Unabhängigkeit gesammelt.
Bodypercussion („Körperschlagzeug") dient innerhalb des Rhythmus-Workshops zum ganzheitlichen Erfassen von Rhythmen bzw. als separate „Spielaktion" und „Performance" innerhalb eines Percussion-Arrangements. Die **Bodypercussion-Grundbewegungen** habe ich bereits kurz erwähnt: „Stampfen", „Klatschen", „Patschen", „Schnipsen". Mit den Körpergliedmaßen können jedoch **noch ganz andere Bewegungen** ausgeführt werden, die z. B. innerhalb einer „Experimentalphase" auch von den Kindern selbst „entwickelt" werden. Dabei können die **Füße** auf den Boden „aufstampfen", eine Wippbewegung ausführen, „steppen", über den Boden „rutschen" oder eine Bewegung nach oben und unten mit aufgestellter Ferse ausführen („Fußpatscher"). Die **Hände** können auf unterschiedliche Art und Weise gerade zum Klatschen verwendet werden: Es gibt Hohlhand-, Kanten-, Handrücken-, Flachhand-, Handteller- („Flamenco-") und Zweifinger-Klatscher. Bei allen Varianten ist eine Hand die „Schlaghand" und führt die oben genannten Bewegungen aus. Die andere Hand bildet – in waagerechter Position – die „Schlagfläche". Neben diesen Klatschvarianten gibt es auch viele Möglichkeiten, zu „patschen": Brust-, Bauch-, Arm-, Po-, Schenkel-Patscher sind gängige „Patschvarianten".
Eine besondere Form des „Patschens" ist die „Fuß-Bein-Patscherkombination", wie sie z. B. beim „Schuhplattler" (deutscher Volkstanz), aber auch beim afrikanischen „Gumboot-Dance" (afroamerikanischer Tanz mit Gummistiefeln) vorkommt. Die Finger der Hand können natürlich auch zum Schnipsen, Reiben oder Ploppen (mit dem Mund bzw. der Wange) eingesetzt werden.

Bodypercussion kann in **unterschiedlichen Positionen** ausgeführt werden:

- **Sitzen:** Ein*e typische*r Schlagzeuger*in spielt sein*ihr Drumset normalerweise im Sitzen. Die Füße stehen auf dem Boden und können Wippbewegungen oder eine der bereits erwähnten Fußbewegungsvarianten ausführen. Die Hände können dazu – mit wechselndem Handsatz – auf die Oberschenkel patschen. Diese Form der Umsetzung von Rhythmen eignet sich in besonderer Weise zur Erzeugung von Schlagzeugrhythmen und ihren Bewegungsmustern am Drumset.

- **Stehen (auf der Stelle):** Dies ist eine von mir häufig eingesetzte Aktionsform (Stehkreis), gerade wenn es um die Erarbeitung von Puls, Timing und Grundrhythmen geht. Die Füße „gehen" dabei den Grundpuls mit, während die Hände Rhythmen „klatschend", „patschend" oder „schnipsend" umsetzen.
- **Bewegungs-Choreografie:** Hier wird Bodypercussion mit vorher einstudierten (Tanz-)Bewegungsmustern kombiniert bzw. in akrobatisch anmutenden Bühnenshows präsentiert.

Vocalpercussion

Mit der Stimme können die zu erarbeitenden Rhythmen, mit **Sprechsilben bzw. Wörtern** versehen, „gesungen", „gerappt" (rhythmische Merkverse bilden!) oder einfach nur mitgezählt werden.
Man kann mit seiner Stimme auch versuchen, durch **Laute und Geräusche** den Sound verschiedener Percussioninstrumente zu imitieren. So verbinden sich Rhythmus und Sound des zu spielenden Instruments auf harmonische Weise und prägen sich besser ein. In vielen Vocal-Ensembles werden „Vocalpercussion-Rhythmen" auch zur bühnenreifen Percussion-Performance ausgebaut. Grundlegend sollte man den Sound des Originalinstrumentes zunächst „erforschen" und dann mit der Gruppe gemeinsam entsprechende (hohe, tiefe, laute, leise) Sounds zuordnen.

Das „rhythmische Singen" erleichtert das „rhythmische Instrumentalspiel".

Praxisbeispiele und kreative Impulse

In der Spielgruppe können die Übungen von dem*der Übungsleiter*in durch Vor- und Nachmachen, also über das Gehör und/oder über schriftlich fixierte Rhythmen, also über das Auge, nach und nach präsentiert werden. Folgende Rhythmen, die sich aus Kombinationen verschiedener Bausteine (s. Rhythmusbaukasten S. 66/67) ableiten, können wie folgt mit Körper und Stimme umgesetzt werden:

Praxisübung 1: Separates Body- und Vocal-Basistraining (Warm-up)

Man kann zunächst alle oben erwähnten Rhythmusbausteine, d. h. a) Noten-Pausensysteme sowie b) Akzentsysteme mittels der „Bodypercussion-Grundbewegungen" und Vocalpercussion-Sounds separat einüben (vgl. Videos 10–13). Das heißt, die Schüler*innen „zählen" bzw. sprechen den Grundpuls bzw. jedes Rhythmus-Feldkästchen zunächst gleichmäßig und klatschen dazu die in den Kästchen befindlichen Punkte entsprechend mit. Danach können die „Punktfelder" statt geklatscht nun gestampft werden. Herausfordernder wird es, wenn man den Grundpuls auf der Stelle geht, mitzählt und die Rhythmusfelder entsprechend klatscht. Zunächst sollte man die Rhythmusfelder als Viertelnoten in einem Vier-Vierteltakt interpretieren. Die Übungen sollten analog zu einem gleichmäßigen Pulsschlag im mittleren Tempo erfolgen und mit einem Metronom bzw. zum Grundpuls geeigneter Musikstücke (z. B. aus den aktuellen Pop-Charts) erarbeitet werden. Die Schüler*innen sollten dabei zunächst unbedingt gleichmäßig und laut „mitzählen".
Wenn man die Noten-Pausensysteme a) einübt, werden die „Pausen" zwar „mitgezählt", jedoch nicht gespielt. Das Mitzählen kann leise „innerlich" oder als „Laut" („Schhh" oder „Psst") erfolgen. Bei den Akzentsystemen b) wird der Akzent „laut" betont und der nicht akzentuierte „Rest" (kaum hörbare „Geisternoten" oder „ghost notes") leise mitgespielt (vgl. QR-Codes S. 66/67).

Beispiel: Body- & Vocalpercussion-Basistraining innerhalb eines 4er-Pulses

Abkürzungen:
Kl. = „klatschen", Pa. = „patschen", St. = „stampfen", Schn. = „schnipsen";
R = rechte Hand/rechter Fuß, L = linke Hand/linker Fuß, R/L = „gleichzeitig"
Zählweise:

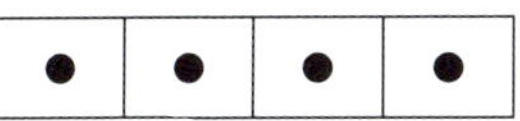

KA LI ME RA …

1) Kl. Kl. Kl. Kl. …
2) St.(R) St.(L) St.(R) St.(L) …
3) Pa.(R) Pa.(L) Pa.(R) Pa.(L) …
4) Schn. (R) Schn. (L) Schn. (R) Schn. (L)
5) Mit der Stimme (laut):
„Click" „Click" „Click" „Click"

Der Basispuls kann dabei zunächst mit den Sprechzählsilben „KA-LI-ME-RA“ oder anderen Fantasiesilben bzw. „Namen“ („KA-TA-RI-NA“) mitgezählt oder die Bodypercussion-Sounds laut mitgesprochen („Stampf“, „Klatsch“ ...) werden. Statt der Bodypercussion-Sounds können die Schüler*innen auch „echte“ Percussion-Sounds („Bumm“, „Tss“, „Tschak“...) imitieren.

Beispiel: Vocalpercussion-Basistraining

Rhythmusbaukasten 1: 1a), 2a), 3a), 4a) Punkt-Pausensystem
Ein „Punkt“ im Noten-Pausensystem wird als „Click“ gesprochen.
Die „Pausen“ werden entweder als „Schh“ gesprochen oder stumm ausgehalten, d. h. nur innerlich mitgezählt.
1 a) **„Click“** – („Schh“) – („Schh“) – („Schh“)
2 a) („Schh“) – **„Click“** – („Schh“) – („Schh“)
3 a) („Schh“) – („Schh“) – **„Click“** – („Schh“)
4 a) („Schh“) – („Schh“) – („Schh“) – **„Click“**

Rhythmusbaukasten 1: 1b), 2b), 3b), 4b) Akzentsysteme
Ein akzentuierter Punkt wird beispielsweise als „Bumm“ gesprochen; nicht akzentuierte Punkte werden als „Dak“ gesprochen. Ebenso könnten auch Fantasiesilben (z. B. „KA-LI-ME-RA“) betont oder unbetont gesprochen werden.
1 b) **„Bumm“** – „Dak“ – „Dak“ – „Dak“
2 b) „Dak“ – **„Bumm“** – „Dak“ – „Dak“
3 b) „Dak“ – „Dak“ – **„Bumm“** – „Dak“
4 b) „Dak“ – „Dak“ – „Dak“ – **„Bumm“**

Praxisübung 2: Grundpulsgang und Spielvarianten

Man „geht“ abwechselnd und gleichmäßig (zunächst rechter Fuß – linker Fuß; später auch gerne umgekehrt!) den Grundpuls (evtl. zur Musik) und „klatscht“ alle Rhythmen. Diese Übung kann z. B. im Stehkreis auch als „Ruf-und-Antwort-Übung“ ausgeführt werden: Wenn die Gruppe begonnen hat, den Grundpuls gemeinsam zu „gehen“, klatscht die Lehrkraft einen Takt vor und die Gruppe klatscht den Takt anschließend nach. Falls die Rhythmen für alle Spieler*innen visualisiert sind (auf einem Plakat, einer Folie etc.), kann die Lehrkraft bzw. ein*e Spieler*in auch auf einen bestimmten Rhythmus zeigen, der dann „aus dem Gehen" heraus von allen gespielt wird. Dabei können die Rhythmen auch (zum „gehenden" Grundpuls) „gepatscht", „geschnipst", „gesprochen" oder „gesungen" (Sprechsilben bzw. Percussionlaute) werden.

Praxisübung 3: Body- und Vocalpercussion-Mix

Man wählt verschiedene Rhythmusbausteine aus a) Noten-Pausensysteme und/ oder b) Akzentsysteme und verbindet sie mit verschiedenen Bodypercussion-bewegungen bzw. Vocalpercussion-Bewegungen. Zunächst kann man dabei von vier gleichmäßigen Pulsschlägen ausgehen (vgl. Rhythmusbaukasten 1/15a) und den „Punkten" verschiedene Bodypercussion-Sounds zuordnen (z. B.: Kl. – St. – Kl. – St.). Dabei empfehle ich, zunächst von zwei „Basisbewegungen" auszugehen.
Bei den Akzentsystemen könnten die Schüler*innen z. B. die akzentuierten Punkte „klatschen" und die nicht akzentuierten Punkte „stampfen". Bei den „Punkt-Pausensystemen" können auch innerhalb eines Taktes für jeden Punkt andere Bodypercussionbewegungen vereinbart werden – z. B. Rhythmusbaukasten 1/6a): 1. Punkt „stampfen" und 2. Punkt „klatschen". Die Pausen werden dabei nicht gespielt.
Bei dieser Übung könnten auch erste Bodypercussion-Choreografien entstehen und „aufgenommen" bzw. schriftlich fixiert werden. Durch Aneinanderreihen mehrerer Takte und entsprechender Bodypercussion-Sounds kann die Lehrkraft erste Grooves mit der Gruppe aufbauen.

Praxisübung 4: Interpretationsvarianten und Improvisationsspiele (Break, Solo)

Als eine Variante ist es möglich, in den „a)-Takten" die „Punkte" zu klatschen und die „leeren Kästchen" zu stampfen (R – L – R …).
Eine weitere Möglichkeit besteht darin, in den „b)-Takten" die „Akzente" lauter zu spielen (nur klatschen, stampfen, patschen oder schnipsen) und die nicht

akzentuierten Schläge leiser (evtl. auch mit anderen Bodypercussioninstrumenten) auszuführen. Dabei ist auf eine ausgewogene Spieldynamik zu achten!
Je kreativer und spontaner man mit den Punktrhythmen arbeitet, umso sicherer wird man auch, wenn es darum geht, „frei" zu improvisieren, einen Rhythmus mit einem neuen rhythmischen Muster kurz zu unterbrechen (Fill, Break) oder mehrere Takte zu solieren (Solo). Eine grundlegende Improvisationsübung besteht darin, dass die komplette Gruppe im Stehkreis einen gemeinsamen Rhythmus über eine vorher vereinbarte Taktzahl (z. B. vier Takte) „spielt" und danach jeweils einen Takt (und später mehrere) pausiert. Wenn dieses Spielmuster „sitzt", darf in der 1-taktigen Pause reihum „improvisiert" werden. Dabei kann ein Takt „aus dem Bauch heraus" gespielt oder es können die vorher erarbeiteten Bodypercussion- und Vocalpercussion-Rhythmen zum Solieren herangezogen (und ggf. notiert) werden. Falls Schüler*innen während des „Solo-Taktes" nichts einfällt, „geht" oder „spricht" man einfach den Grundpuls weiter.

Praxisübung 5: Stimmungsspiele

Man untersucht bestimmte Percussioninstrumente bzw. Alltagsgegenstände bezüglich ihres Sounds und „spielt" dann durch Stimmimitation (Vocalpercussion) die verschiedenen Rhythmen zum „gehenden" Grundpuls. Lustig wird es übrigens bei Fantasiesilben, Tierstimmenimitationen („Wuff", „Oink", „Quak", „Gak" …) oder Schülernamen („KA-TA-RI-NA", „MAR-KO-LU-KA"), die zum Grundpuls „gesprochen" werden (vgl. Praxisübung 1).

Praxisübung 6: Kleingruppenspiel

Man teilt die Großgruppe in verschiedene Kleingruppen auf und gibt jeder Gruppe einen anderen 1-taktigen „Punktrhythmus", der stetig mit einer vorher festgelegten Bodypercussionbewegung durchgespielt werden soll. Dabei können die Kleingruppen auf ein Zeichen der Lehrkraft *nacheinander* (nach einem oder mehreren Takten) „einsteigen". Die Übung kann auch nach dem „Call-and-Response"-Prinzip durchgeführt werden: Nachdem Gruppe 1 einen Takt gespielt hat, spielt Gruppe 2 ihren Takt (während Gruppe 1 pausiert), danach spielt Gruppe 3 usw., bis Gruppe 1 wieder an der Reihe ist. Die Schüler*innen könnten auch direkt nach kurzem „Einzähler" *zusammen* einsteigen.

Beispiele: „Kleingruppenspiel“

Beispiel 1: Vier Kleingruppen (nacheinander oder zusammen einsteigend)
Gruppe 1: spielt aus RB 1 den Rhythmusbaustein 1a): „klatschen“ (Kl.)
Gruppe 2: spielt aus RB 1 den Rhythmusbaustein 2a): „patschen“ (Pa.)
Gruppe 3: spielt aus RB 1 den Rhythmusbaustein 3a): „stampfen“ (St.)
Gruppe 4: spielt aus RB 1 den Rhythmusbaustein 9a): „schnipsen“ (Schn.)

Beispiel 2: Zwei Gruppen (nacheinander oder zusammen einsteigend)
Gruppe 1: spielt aus RB 2 den Rhythmusbaustein 1a): St.
Gruppe 2: spielt aus RB 2 den Rhythmusbaustein 7a): Kl.

Wichtig ist, dass die Gruppen ihre „Stimmen“ bzw. Rhythmen oder „Instrumente“ auch untereinander austauschen (dürfen). Dies gilt auch beim späteren Spiel mit den Alltagsinstrumenten. Somit kann jedes Gruppenmitglied verschiedene Instrumente bzw. „Stimmen“ oder Rhythmen erproben.

Praxisübung 7: Basispattern und Klassen-Groove entstehen lassen

Um aus den Grundrhythmen komplexere rhythmische Muster („Pattern“) bzw. einen gemeinsamen „Klasse(n-)Groove“ entstehen zu lassen, kann man die 4er-Gruppen (oder 3er-Gruppen) innerhalb der verschiedenen Taktarten aneinanderreihen. Unter den Punktrhythmen (s. untere Abbildung) befinden sich Vorschläge zur Umsetzung mit Körper und/oder Stimme. Die Rhythmen können von allen Gruppenmitgliedern als gemeinsamer „Groove“ gespielt werden. Das heißt, mehrere Instrumente bzw. Stimmen spielen im gleichen Puls miteinander. Alternativ können die Rhythmen innerhalb der Gruppe „aufgeteilt“ werden (s. o.).

Praxisbeispiele: „Bodypercussion-Grooves“

Unter den Punkten sind die möglichen Spielweisen verzeichnet. Einmal als Bodypercussionkombination und darunter als Vocalpercussion-Sound (mit Soundvarianten). Dabei können Body- und Vocalpercussion-Sounds auch ausgetauscht bzw. kombiniert werden.

„We will rock you 1“ (Rock-Rhythmus im 4/4-Takt)

●		●		●				●		●		●			
St.(R)		St.(L)		Kl.				St.(R)		St.(L)		Kl.			
„Bumm“		„Bumm“		„Tschak“				„Bumm“		„Bumm“		„Tschak“			

„We will rock you 2“ (Rock-Rhythmus im 4/4-Takt)

●				●				●		●		●			
St.(R)				Kl.				St.(R)		St.(L)		Kl.			
„Bumm“				„Tschak“				„Bumm“		„Bumm“		„Tschak“			

„The Walz“ (4er-Gruppen im 3/4-Takt, Walzer-Rhythmus)

●				●				●			
St.(R)				Kl.				Kl.			
„Bumm“				„Bak“				„Bak“			

„The Blues“ (3er-Gruppen im 4/4-Takt, Blues-Rock-Rhythmus)

●		●	●			●		●	●		
St.(R)		St.(L)	Kl.			St.(R)		St.(L)	Kl.		
„Dunn“		„Dunn“	„Dak“			„Dunn“		„Dunn“	„Dak“		

Zu allen Übungen kann übrigens noch der „Grundpuls“ „mitgezählt“ (1-2-3-4 .../ KA – LI – ME – RA ...) oder „mitgesprochen“ (Sound: „Click-Clack“ oder „Dig“ ...) werden.

Man kann schließlich auch für jeden Bodypercussion-Sound bzw. für die vier Gliedmaßen einen Baustein aus dem Rhythmuskasten wählen, der dann durchgehend gespielt oder mit anderen Bausteinen kombiniert wird. So entstehen recht komplexe Bodypercussion-Grooves für Fortgeschrittene.

14 

[14] Link: cloud.verlagruhr.de/lerninhalt/RZgyXar0gukh/

Beispiel: Komplexer Bodypercussion-Groove für vier Gliedmaßen (für Fortgeschrittene)

- rechte Hand schnipst, RB 1, 9a)
- linke Hand patscht auf den Bauch, RB 1, 1a)
- rechter und linker Fuß stampfen im Wechsel, RB 1, 6a)
- → je Bodypercussion-Bewegung ein Takt (durchgehend spielen)

Durch entsprechende Koordinations- und Unabhängigkeitsübungen können auch komplexe Schlagzeug- bzw. Percussionrhythmen mit dem Körper (einfach) umgesetzt und später sicher auf weitere „Instrumente" übertragen werden.

Praxisübung 8: Handsatz-Basistraining zum „Trommeln" mit zwei Händen

Koordination und Unabhängigkeit gerade zwischen den „Trommelhänden" können die Schüler*innen durch „Handsatzübungen" (s. Kasten unten) trainieren. Das sind Übungen, die zeigen, welche Hand innerhalb der Zählzeiten „spielen" soll. Sie können zunächst, z. B. im Sitzen, mit den Händen auf die Oberschenkel und anschließend auch auf andere Körperinstrumente übertragen werden.

Trommeln im Percussionensemble (Cajon, Djembe ...) – Spiel- und Soundvarianten

Basis-Handsatzübungen (4er- und 3er-Gruppen)

„R“ = rechte Hand, „L“ = linke Hand

 **4er-Gruppen (z. B. Viertel, Achtel, Sechzehntel ...):**

Einzelschläge:

1) R R R R ...
2) L L L L ...

Von Hand zu Hand gespielt („Hand to Hand“):

3) R L R L ...
4) L R L R ...

Doppelschläge:

5) R R L L ...
6) L L R R ...

Einzel- und Doppelschläge kombiniert („Paradiddle“-Übungen):

7) R L R R L R L L ...
8) R L L R L R R L ...
9) R L R L L R L R ...
10) R R L R L L R L ...

3er-Gruppen (z. B.: „Triolen“ ...):

1) R R R ...
2) L L L ...
3) R R R L L L ...
4) R L R L R L ...
5) R L L R L L ...
6) L R R L R R ...

Natürlich sind auch Kombinationen zwischen 3er- und 4er-Gruppen denkbar. Sei kreativ!

Grundrhythmen mit „Alltagsinstrumenten" erarbeiten und gezielt einsetzen

Aus den oben vorgestellten Übungen sind **erste „Spiele" mit Instrumenten bzw. Alltagsgegenständen** ableitbar, die sich dazu eignen, die korrekten Spieltechniken zu verinnerlichen.

Übungen (korrekte Spieltechniken) mit langsamen und kontrollierten Bewegungen ausführen!

Aus dem Rhythmusbaukasten lassen sich **Rock-, Pop- und Latin-„Basisrhythmen"** für Alltagsinstrumente entwickeln und z. B. zur Liedbegleitung oder für komplette Percussion-Arrangements einsetzen. Zur **Funktion und zum Einsatz der Instrumente** im Unterricht bzw. auf der „Bühne" sollte sich die Lehrkraft zuvor einige Gedanken machen, damit die Gruppe mit den Instrumenten gezielt spielt und groovt. Der Klassengroove sollte dabei im Vordergrund stehen – keine virtuosen Spieltechniken.
Ich gehe oft von der Funktion bzw. dem Einsatz von handelsüblichen Percussioninstrumenten – Shaker, Claves, Cowbells, Djembe, Bongo, Conga, Cajon ect. – bzw. vom Schlagzeugset aus. Ein Schlagzeugset besteht aus der großen Bassdrum, der Snare, der Hi-Hat, den Toms und Becken (s. auch Glossar im Anhang).

Zwischen den handelsüblichen Instrumenten und den „Alltags-Basisinstrumenten" lassen sich Zusammenhänge bzw. Gemeinsamkeiten feststellen (s. S. 82).

Mit Alltagsinstrumenten lassen sich handelsübliche Percussion-Sounds imitieren, kreativ ergänzen und neue Sounds kreieren.

Sound-Einsatz und Funktion von Alltagsinstrumenten

(vgl. entsprechende Abbildungen in Kapitel 4)

Alltagsinstrument	Percussioninstrument (handelsüblich)	Einsatz
Besen, Plastiktüten, Behälter mit versch. Füllungen (Sand, Reis, Granulat …)	Shaker (verschiedene Ausführung)	Rhythmischer Grundteppich; Mikrotiming ohne oder mit Akzenten (Grundfläche bzw. Teppichfäden)
Holzstäbe/-stöcke (versch. Größen)	Claves, Woodblocks …	Rhythmische Schlüsselfiguren (Clave) und Basispattern, das über die „rhythmische Grundfläche" gespielt wird („Teppichmuster")
Kehrblech, Radkappen und -felgen, Metallstäbe und -röhren unterschiedlicher Größe und Länge (frei hängend angespielt)	Triangel, Cowbell, Agogo …	Unterstützung der Clave-Figur bzw. eigene „Akzent-Figuren" mit versch. Klangfarben („Farbtupfer" des rhythmischen Teppichs)
Kunststoffschüsseln, Eimer, Tonnen, Kisten … (versch. Größen und mit versch. Materialien bespielt)	Djembe, Bongo, Conga, Toms und brasil. Tamburin, Surdo und andere „Felltrommeln" sowie Holzkisten (Cajones)	Unterstützung des Grundpulses, aber auch Clave-Figuren und Grundrhythmen versch. Stilistiken (Rock, Pop, Latin …)
Bleche, Metallschilder, Mülltonnendeckel (versch. Größen)	Becken (vgl. Schlagzeug)	Treibende, durchgehende rhythmische Ostinato-Pattern (= sich stetig wiederholende Figuren), aber auch Akzente

Exkurs: Instrumentale Extras und Soundvarianten

Kerbt man die **Holzstäbe** bzw. die **Besenstiele** im Abstand von einem Zentimeter mit einer Feile ein und streicht mit einem Holzstab (z. B. Chinastäbchen) darüber, ähnelt der Sound dem Klang eines Guiros. Einen ähnlichen „Reibeklang" erhält man, wenn man mit verschiedenen „Stöcken" oder „Stäben" z. B. über Metall- oder Holzgitter (auch: Grillrost, Zäune, Leitersprossen, Estrichmatten etc.) streicht. Auf den Rücken des Besens kann man, je nach Soundvorliebe, mehrere Kronkorken (Verschluss von bestimmten Flaschen) oder kleine Metallplättchen übereinander befestigen (mit Nägeln). Der Klang ähnelt so dem Klang eines Schellenrings. Ebenso kann man mehrere Metallplättchen oder Kronkorken an feinen Drähten auffädeln und sie so für „Rascheleffekte" nutzen.

Ofenrohre oder **Kunststoffrohre** unterschiedlicher Größe (aus dem Baumarkt) lassen sich z. B. mit Trommelstöcken „bespielen" und ähneln in ihrem Sound den „Toms" eines Schlagzeugs (v. a. wenn man sie mit einem Mikrofon abnimmt).

Leere Plastik(getränke)flaschen (verschiedene Größen erproben) oder stabile Kunststoffröhren können an den eigenen Körper angeschlagen werden (ähnlich den „Boomwhackers"). Sie können außerdem auch auf Eimern, Tonnen oder dem Boden als „Trommelstöcke" verwendet werden.

Die **großen Wasserflaschen** („water bottle"), die z. B. häufig in Kaufhäusern in Getränkewasserspendern verwendet werden, eignen sich leer als perfekte „Handtrommel". Sie ähneln Bongos, arabischen Darbukas, brasilianischen Timbas oder einer afrikanischen Djembe und können, zwischen die Beine geklemmt, mit dem Flaschenhals nach unten bespielt werden. Der umgedrehte Flaschenboden dient als Schlagfläche.

Ein **Metalleimer**, der im Abstand von ca. 2 cm etwas unterhalb der Öffnung rundherum mit „Nieten" versehen ist, klingt ähnlich einer „Snare" (vom Schlagzeugset) und eignet sich auch für Shakereffekte (ähnlich einer Cabasa). Er kann dabei mit dem Eimerboden nach oben über den Boden geschoben und seitlich oder auf dem Eimerboden bespielt werden.

Das **„Eimer-Drumset"** („Bucket drum" oder „Streetdrumming") ist recht preiswert. Es wird mittlerweile in vielen Großstädten „auf der Straße" von virtuosen Drummer*innen zur Freude der Passant*innen gespielt. Dabei werden verschiedene Kunststoffeimer unterschiedlicher Größe und mit verschiedenen Sounds, aber auch

Metallbehälter und -bleche (Kehr- oder Backblech) mit Drumsticks „betrommelt". Die Streetdrummer*innen brennen auf dem Eimerboden ein rhythmisches Feuerwerk ab. Dabei klemmen sie sich den Eimer im Sitzen zwischen die Oberschenkel („frei hängend", ohne Bodenkontakt) oder halten ihn mit ihren Füßen (Eimer steht auf dem Boden) fest. Mit den Füßen können sie den bespielten Eimer seitlich anheben und somit den Trommelsound verändern. Ebenso wird der Eimer in der Mitte, am Rand und seitlich angespielt. Einige „Streetdrummer*innen" befestigen ihre Eimer, Töpfe und Tonnen auch an einem u-förmigen Gerüst und spielen die „Trommeln" frei hängend im Stehen. Der Sound der Trommeln kann sich besser entfalten, wenn die Eimer nicht komplett auf dem Boden aufstehen, sondern hängen oder leicht „angehoben" werden (Holzklötze oder Ähnliches verwenden).

Die **Holzkiste** bzw. das ursprünglich aus Südamerika stammende Percussioninstrument **Cajon** nimmt in meinem Unterricht eine „Sonderstellung" ein, da man ein handelsübliches Cajon aufgrund seines „Innenlebens" fast schon als komplettes „Schlagzeug" (mit Bassdrum-, Snare- und Tom-Sound) nutzen kann. Begnadete Bastler*innen können ein Cajon auch selbst bauen oder mit einem Bausatz (z. B. von der Firma Schlagwerk Percussion) ein Cajon mit persönlicher Note herstellen.

Neben den genannten gibt es noch **viele weitere Soundvarianten**, die man aus Alltagsgegenständen hervorzaubern kann. Der Kreativität sind keine Grenzen gesetzt.

Praxisbeispiele: Basis-Rhythmen mit Alltagsgegenständen – Rhythmusfundgrube

Mit dem Rhythmusbaukasten (s. S. 66/67) ergeben sich zahlreiche Interpretationsmöglichkeiten. Die Lehrkraft sollte die einzelnen Übungen zunächst selbst mit den Alltagsinstrumenten kreativ interpretieren und sich Gedanken zur Vermittlung machen. So entstehen Rhythmen, die als Ausgangsbasis für rhythmische Begleitungen im Musikunterricht, Instrumental-Grooves, Break- und Solospiele und komplette Percussion-Arrangements für die gesamte Rhythmusgruppe dienen. Die Mühe lohnt sich!
Gerade die Darstellung „ohne Noten" hilft den Schüler*innen, die einzelnen Rhythmen optisch nachzuvollziehen und sie zu verinnerlichen. Daneben werden die Schüler*innen selbst zu kreativen Gestaltern von Percussion-Arrangements. Dabei kommt der Lehrkraft die Aufgabe zu, die Übungen differenziert auszuwäh-

len, vorab die korrekten Spieltechniken einzustudieren und sich allmählich auch komplexen Rhythmen zu widmen – je nach Leistungsniveau der Spielgruppe.

Spielimpulse 1: Erste Besen-Rhythmen

Ausgehend vom Rhythmusbaukasten (s. S. 66/67), ergeben sich für die Besengruppe folgende Interpretationsmöglichkeiten:

- RB 1 und RB 2/a) Der Besen führt beim „Punkt" eine Wischbewegung aus (vor oder zurück) und pausiert während der leeren „Pausenfelder".
- RB 1 und RB 2/b) Der Besenrücken (Kante) wird bei den „akzentuierten Noten" auf den Boden gestoßen. Der Besen führt bei den „nicht akzentuierten Noten" eine Wischbewegung aus.

Mögliche Zeichendarstellung:

- Mit dem Besen kehren: „\"
- Mit dem Besen akzentuieren: „>"

Den Besen im Grundpuls (Viertel) gleichmäßig vor- und zurückbewegen:

Darstellung: 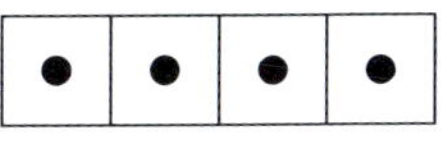

Zähle: 1 2 3 4

Oder: KA LI ME RA

Besen-Basisübung analog zum Rhythmusbaukasten 1 / 16 b):

Sound: „Tschik"-„Tschik"-„Tschik"-„Tschik"…
Zeichen: \ – \ – \ – \ …
Ausführung: (vor) (zurück) (vor) (zurück)

Übung analog zum Rhythmusbaukasten 1 / 1 b):

Sound: „Clack"-„Tschik"-„Tschik"-„Tschik"…
Zeichen: > – \ – \ – \ …
Ausführung: (Akzent) (zurück) (vor) (zurück)

Dieses Schema lässt sich so weiterführen. Damit ergeben sich zahlreiche weitere **Kombinations- und Interpretationsmöglichkeiten** – „ohne Noten", z. B.:

a) > – \ – \ – \ … b) \ – > – \ – \ … c) \ – \ – > – \ … d) \ – \ – \ – > …
e) > – > – \ – \ … f) \ – > – \ – > … g) \ – \ – > – > … h) > – \ – > – \ … usw.

Spielimpulse 2: Erste Stab-(Stangen-/Stock-)Rhythmen

Vor den Stab-Übungen können mit den Spieler*innen folgende **Vereinbarungen** getroffen werden:

- Stab auf Boden aufstoßen: „Bumm" (sprechen), Zeichen „O"
- Trommelstock gegen Stab schlagen: „Tschak" (sprechen), Zeichen: „X"
- Viertelpuls gleichmäßig „mitgehen"

Als **Basisübung** können die Punkt-Pausensysteme bzw. Akzentsysteme zunächst separat mit dem Stab eingeübt werden.
Beispiel: Bei den **Punkt-Pausensystemen** können die „Punkte" durch Stabstöße auf den Boden umgesetzt oder ein Stock an den Stab geschlagen werden (vorher vereinbaren!). Bei den leeren Pausenfeldern kann auch entsprechend pausiert werden.
Bei den **Akzentsystemen** könnten die Akzente dadurch ausgeführt werden, dass der Stab senkrecht auf den Boden gestoßen und bei „nicht akzentuierten Schlägen" ein Stock gegen den Stab geschlagen wird.
Bei zwei Stabspieler*innen können in einer „Stab-Choreografie" (Inszenierung eines „Stabkampfes") bei den akzentuierten Schlägen die beiden Stäbe in der Mitte gegeneinandergeschlagen werden (langsam einüben!) und die nicht akzentuierten Schläge auf den Boden aufgestoßen werden (oder pausieren). Dabei wird der Stab jeweils im oberen und unteren Drittel der Stabenden mit zwei Händen gehalten.
Bei den „Akzenten" treffen die beiden Stäbe in der Mitte („X-förmig") aufeinander.

Weitere **Interpretationsbeispiele und Kombinationen** aus dem Rhythmusbaukasten:

Zähle: 1 2 3 4 …
Übung 1: „Bumm"- „Tschak"- „Bumm"- „Tschak" (Zeichen: O-X-O-X …); RB 1, 6b)
Übung 2: „Tschak"- „Bumm"- „Tschak"- „Bumm" (Zeichen: X-O-X-O …); RB 1, 9b)
Übung 3: „Tschak"- „Bumm"- „Bumm"- „Tschak" (Zeichen: X-O-O-X …); RB 1, 8b)
Übung 4: „Bumm"- „Bumm"- „Tschak"- „Tschak" (Zeichen: O-O-X-X …); RB 1, 10b)
Übung 5: „Bumm"- „Bumm"- „Tschak"- „PAUSE" (Zeichen: O-O-X-P …); RB 1, 11a)
Übung 6: „Bumm"- „PAUSE"- „Tschak"- „Tschak" (Zeichen: O-P-X-X …), RB 1, 13a)
usw.

Spielimpulse 3: Erste Eimer-, Tonnen-, Kisten-Rhythmen

Eimer, Tonnen, Holzkisten und andere Behälter können mit Händen und geeigneten „Stöcken" bespielt werden. Zunächst sollten **Grundübungen zur Koordinationsfähigkeit,** z. B. mittels „Körperschlagzeug", einstudiert oder „klassisch" auf der Schulbank „getrommelt" werden (vgl. „Handsatzübungen", S. 80). Durch eine freie Experimentalphase kann das Soundspektrum der Trommeln erforscht werden. Es gibt nämlich nicht nur *einen* Trommel-Sound. Hände oder Stöcke können die „Trommel" in der Mitte der Schlagfläche, am Rand oder an der Seitenfläche anspielen. Ebenso kann mit einer Hand die Trommel gespielt und mit der anderen Hand ein anderes Instrument „angeschlagen" bzw. gespielt werden. Eine **Basisübung** besteht darin, bei den Punkt-Pausensystemen die „Punkte" als „Schlag" aufzufassen und die „Pausen" nicht zu spielen (jedoch mitzuzählen!). Es können dabei verschiedene Trommel-Sounds und Handsätze erprobt werden. Durch „Akzente", „Pausen" und den Einbau verschiedener Notenwerte und Taktarten ergeben sich darüber hinaus recht komplexe Rhythmen.

Trommel-Soundvarianten für die „Akzentsysteme" (mit oder ohne geeignete „Trommelstöcke")

- **Möglichkeit 1** (mit durchgehendem Handsatz – „Hand zu Hand": R – L – R – L – … oder nur mit „R" bzw. nur mit „L"): akzentuierte Schläge werden laut gespielt, nicht akzentuierte Schläge werden leise gespielt
- **Möglichkeit 2** (mit durchgehendem Handsatz – „Hand zu Hand": R – L – R – L – … oder nur mit „R" bzw. nur mit „L"): akzentuierte Schläge: die Trommel(kisten)mitte wird (mit einer Hand, einem „Stock", Klobürste etc.) angespielt („Bass-Sound"), nicht akzentuierte Schläge: der Trommel(kisten)rand wird angespielt („Ton-Sound")
- **Möglichkeit 3** (mit variierendem Handsatz): akzentuierte Schläge werden auf der Trommelmitte („Bass-Sound") mit der rechten Hand ausgeführt; nicht akzentuierte Schläge werden am Seitenrand des Eimers bzw. der Tonne mit einem Stock angespielt oder, z. B. beim „Eimerspiel" im Sitzen, auf den Boden oder ein Kehrblech mit der linken Hand „getrommelt".
- **Möglichkeit 4** („Echte Schlagzeugrhythmen" für Fortgeschrittene): Die einzelnen Bausteine werden jeweils als vier Sechzehntelnoten aufgefasst (also innerhalb eines 4/4-Taktes: 16 Sechzehntelnoten; auf jede Zählzeit kommen vier Sechzehntel). Die rechte Hand spielt nun eine Ostinato-Figur (z. B. RB 1, 1a oder

6a, 6b oder 16b) auf dem Trommelrand, der Trommelseite, einer zweiten Trommel oder einem (Kehr-)Blech durchgehend. Die linke Hand spielt verschiedene rhythmische Bausteine auf der „Trommelmitte" auf verschiedenen Zählzeiten dazu (z. B. nur auf die „2" und „4").

„Schlagzeugrhythmus" – Beispiel aus dem Rhythmusbaukasten

Die rechte Hand spielt durchgehend „Achtelnoten" (also durchgehend: RB 1, 6a), die linke Hand spielt nur auf die Zählzeit „2" und „4" „Viertelnoten" (also: RB 1, 1a) und auf „1" und „3" eine Viertelpause (also: RB 1, 16a); es können verschiedene Sounds erzeugt werden!

Zähle:	**1**		**und**		**2**		**und**		**3**		**und**		**4**		**und**	
R.:	●		●		●		●		●		●		●		●	
L.:					●								●			

Für ganz geschickte „Schlagzeuger*innen" könnte man die Punktrhythmen noch durch eine weitere Reihe erweitern, die dann z. B. mit dem rechten Fuß durch Aufstampfen auf den Boden, „anspielen" eines auf dem Boden liegenden „Backbleches" o.Ä. interpretiert wird. Dabei hebt und senkt sich jeweils nur der Fußballen; die Ferse bleibt auf dem Boden. Auf einer Holzkiste sitzend, kann man die „Fußfigur" auch mit der Ferse gegen die Seitenfläche spielen.

Natürlich ergeben sich, z. B. durch Veränderung der Handsätze bzw. Instrumente und „neue" Zusammenfügungen von Bausteinen, noch weitere Rhythmusvarianten – einfach ausprobieren!
Nach der oben dargestellten Arbeitsweise kann man nun als Übungsleiter*in oder fortgeschrittenes Gruppenmitglied selbstständig Basisrhythmen für weitere Alltagsgegenstände entwickeln. Ebenso lassen sich auch aus Viertel- und Achtelnoten (vgl. „kleine Notenpyramide", S. 64) nach dem „Baukastenprinzip" oder mit vorgegebenen Schlagzeug- bzw. Percussionrhythmen (vgl. entsprechende Fachliteratur für Schlagzeuger*innen) unzählige Rhythmen erarbeiten.

6. Rhythmische Arrangements im Percussionensemble

Hier möchte ich nun **konkrete Notenbeispiele** für Rhythmen, Grooves und Percussion-Arrangements mit Körper- und Alltagsinstrumenten aufführen, die sich aus dem Rhythmusbaukasten 1 und 2 ergeben. Zu den jeweiligen Notenbeispielen werden Tipps und Tricks zum Ablauf des Arrangements bzw. zum bühnenreifen Auftritt gegeben. Beim Einstudieren der Gruppen-Arrangements bzw. Rhythmen und Grooves empfehle ich (als Lehrkraft) so vorzugehen, wie ich es in Kapitel 3 und 4 beschrieben habe. Sicher ist es sinnvoll, schon bei den Aufwärmübungen – z. B. bei „Call and response"-Übungen" bzw. dem Spiel „Dirigent*in und Orchester" – das Notenmaterial (z. B. einzelne Takte bzw. Rhythmen) heranzuziehen, das später auch im Percussion-Arrangement verwendet werden soll.

Erarbeitungshilfe: Allgemeiner Ablauf von Percussion-Arrangements

Die Notenbeispiele zu den Percussion-Arrangements habe ich bewusst übersichtlich gehalten; sie dienen lediglich als Gedankenstütze. Die Lehrkraft sollte also vorab meine **Erläuterungen zu jedem Percussion-Arrangement** lesen. Die Arrangements bestehen überwiegend aus einem Einstieg, Groove bzw. Rhythmus, Break und einem Schluss. Diese Arrangementteile gilt es zunächst einmal **separat und langsam bodyperkussiv zu erfassen sowie temposicher zu werden**. Danach kann man sie allmählich auf das entsprechende „Alltagsinstrument" übertragen. Beim **Einstudieren eines Arrangements** beginne ich zunächst mit dem Groove bzw. Rhythmus – dem (meist komplexen) „Herzstück" eines

Arrangements. Innerhalb dieser **Erarbeitungsphase** werden auch mal die Instrumente getauscht, sodass jedes Gruppenmitglied die jeweiligen Rhythmen auf verschiedenen Instrumenten beherrscht und so ein Gefühl für den harmonischen Zusammenklang bzw. Groove-Sound entwickelt. Danach erarbeite ich erst Break, Einstieg, Schluss und die Übergänge bzw. Übergangsbreaks der verschiedenen Teile. Am Ende steht dann die entsprechende Choreografie – je nach Personenzahl, Spielniveau, Performanceanlass ...

Gewöhnlicher Ablauf eines Percussion-Arrangements

- **Einstieg/Intro** (mit oder ohne Übergangsbreak)
- **Groove 1**
- **Break 1**
- **Groove 1** oder **Groove 2**
- **Break 1** oder **Break 2**
- **Groove 1, 2** oder **3**
- **Schluss/Ending** (mit Übergangsbreak)

Das Arrangement sollte zunächst langsam eingeübt werden. Nach vertiefender Übung kann die Lehrkraft ein Spieltempo speziell für ihre Gruppe festlegen – je nach Gruppenspielniveau. Erlaubt ist, was gefällt!

Ich beschränke mich im Folgenden bei der Darstellung der Noten auf Viertelnoten, Achtelnoten und Achteltriolen innerhalb des 4/4-Taktes bzw. 3/4-Taktes. Dieses Notenmaterial reicht in der Primarstufe und Sekundarstufe völlig aus, um zahlreiche Grooves und Percussion-Arrangements mit Alltagsgegenständen zu spielen.
Übrigens können die Sechzehntelnoten und ihre Spielvarianten – für Fortgeschrittene – ganz einfach vom Rhythmusbaukasten 1 abgeleitet werden: 16 Pulsschläge (bzw. vier Bausteine mit vier Feldern) entsprechen 16 Sechzehntelnoten innerhalb eines 4/4-Taktes; 12 Pulsschläge (bzw. drei Bausteine mit je vier Feldern) entsprechen 12 Sechzehntelnoten innerhalb eines 3/4-Taktes.

Klassenarrangement

Kreativer Umgang mit den „Percussion-Worksheets" im Ensemblespiel

Die Percussion-Arrangements sind als **impulsgebende „Arbeitsblätter"** (Percussion-Worksheets) für den*die Übungsleiter*in (Lehrer*in) gedacht und keine komplett ausnotierten Partituren. Sie lassen somit flexible Veränderungen zu und sollen je nach Bedarf bzw. Spielniveau der Gruppe abgeändert werden.

Bei den Intros, Grooves, Breaks und Endings kann die Lehrkraft die **Zahl der Wiederholungen bzw. Taktzahl der zu spielenden Rhythmen** selbst bestimmen – je nach Gruppenniveau, Ausdauer und Zeitvorgabe. Ebenso ist das **Tempo** frei wählbar. Viele Übungen „klingen" mit einem Grundpuls von 90 bis 95 Schlägen pro Minute gut. Es empfiehlt sich, mit

einem Metronom auszuprobieren, in welchem Tempo das Arrangement von den Spieler*innen sicher beherrscht wird und „groovt". Schließlich kann, als Spielvariante, auch innerhalb des Stückes das Tempo gedrosselt oder beschleunigt werden (interessanter Effekt: „Slow motion" – alles ganz langsam, in Zeitlupe – spielen).
Die Gruppe kann in die Arrangements (Intros, Grooves ...) **gemeinsam oder nacheinander einsteigen**. Einige Grooves wurden für zwei oder mehr Spielgruppen notiert, wobei die gespielten Rhythmen zusammen „klingen" sollten und so den Groove bilden. Ebenso können Grooves und Breaks von allen Gruppenmitgliedern gleich gespielt oder innerhalb der Gruppe aufgeteilt werden.
Beispiel: Gruppe 1 spielt nur die Notenwerte auf der ersten und dritten Zählzeit und Gruppe 2 nur die Notenwerte auf der zweiten und vierten Zählzeit. Ein „Break" kann auch als kurzes Solo einzelner Mitspieler*innen gestaltet werden.
Die Lehrkraft kann darüber hinaus jederzeit innerhalb des Grooves einen Teil der Instrumente bzw. Spieler*innen einige Takte „aussetzen" lassen und später wieder in den Groove eingliedern. Das lockert die Percussion-Performance auf.
Zum Grund-Groove der Gruppe können auch **einfache Begleit-Grooves** entwickelt werden, die den Grund-Groove unterstützen und ergänzen.
Beispiel: Eine Gruppe „spielt" den Grundpuls oder unterstützt die zweite und vierte Zählzeit. Darüber hinaus kann die Lehrkraft durch entsprechende Signale die Dynamik des Stückes ändern (vgl. S. 27/28).

Wichtig bei alledem ist, dass die Lehrkraft (Übungsleiter*in, „Dirigent*in") den kompletten Ablauf des Stückes mit seiner Spielgruppe festlegt, während der Spielphase die „schwächste" Gruppe spielerisch begleitet und jeden Rhythmus auch selbst problemlos spielen, mit- und einzählen kann. Zudem sollte sie eindeutige Zeichen (optisch und akustisch) mit der Gruppe vereinbaren, die dann z. B. einen neuen Break bzw. Groove einleiten. Beispielsweise können eine erhobene Hand (Faust oder Finger) und viermaliges Pfeifen im Zählpuls signalisieren, dass der Break, Groove oder die Schlussform gespielt werden sollen (vgl. S. 27/28).

Percussion-Notation für Alltagsinstrumente

Tobias Klee

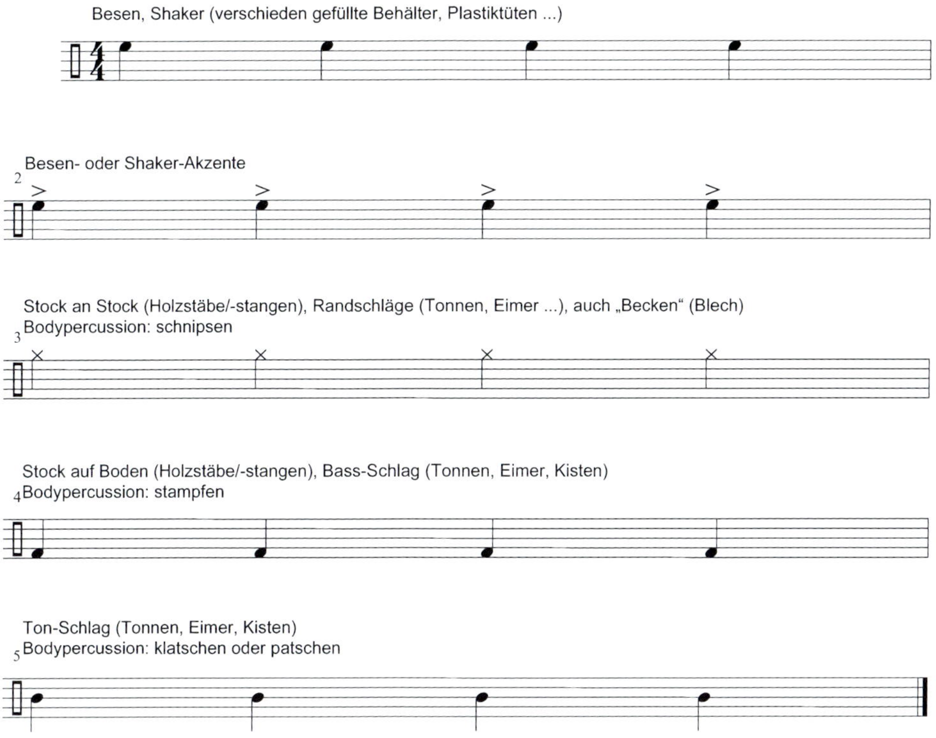

Besen, Shaker (verschieden gefüllte Behälter, Plastiktüten ...)

2 Besen- oder Shaker-Akzente

Stock an Stock (Holzstäbe/-stangen), Randschläge (Tonnen, Eimer ...), auch „Becken" (Blech)
3 Bodypercussion: schnipsen

Stock auf Boden (Holzstäbe/-stangen), Bass-Schlag (Tonnen, Eimer, Kisten)
4 Bodypercussion: stampfen

Ton-Schlag (Tonnen, Eimer, Kisten)
5 Bodypercussion: klatschen oder patschen

Meine Notationsform für die „Alltagspercussioninstrumente" orientiert sich an der gängigen Schlagzeug- bzw. Percussionnotation, wie man sie auch in zahlreichen Fachbüchern findet. Wichtig ist, auf meine Erläuterungen zu den Percussion-Grooves bzw. -Arrangements zu achten und dabei dem jeweiligen Instrument die Noten und Spielweise korrekt zuzuordnen. Der Übersichtlichkeit wegen beschränke ich mich auf wenige Percussionnoten bzw. -zeichen, die jedoch in einigen Fällen auch für zwei oder drei Percussioninstrumente mit ähnlichem Sound interpretiert werden können.

Bodypercussion-Arrangements

Abkürzungen in den Bodypercussion-Arrangements

Kl. = klatschen	Pa. = patschen
St. = stampfen	Schn. = schnipsen
Br. = Brustpatscher	Be. = Beinpatscher
R. = rechts	L. = links

Ich habe mich bewusst auf **einfache Rhythmusbeispiele und Bewegungsabläufe** beschränkt; alle hier aufgeführten Bodypercussion-Arrangements können somit problemlos in der Primarstufe umgesetzt werden.
Die Bodypercussion-Arrangements werden überwiegend mit „Stampf-Klatsch-Rhythmen" angeboten („tiefe Noten": stampfen, „hohe Noten": klatschen). Sie lassen sich jedoch außerdem mit anderen Bodypercussion-Sounds interpretieren bzw. variieren. Sie können auch als Vocalpercussion-Arrangements interpretiert und „gesungen" werden. Dazu kann man z. B. für die „tieferen Noten" den Laut „Bumm" oder „Doh" und für die „höheren Noten" den Laut „Tschak" oder „Bak" verwenden.
Als **Spielvariante** können sämtliche Bodypercussion-Arrangements auch auf verschiedene Percussion- bzw. Alltagsinstrumente übertragen werden.

Zur Bodypercussion-Choreografie

Die Bodypercussion-Arrangements können an festen Positionen, z. B. im Stehkreis oder auch „gehend" aufgeführt und in Bewegung bzw. zum gegangenen Grundpuls umgesetzt werden. Sie können auch – je nach Bodypercussion-Sound – mit versch. Körperbewegungen verbunden sein.

Beispiele:

- **beim Stampfen:** rechtes oder linkes Bein nach vorne
- **beim Klatschen:** oben (unten) rechts oder oben (unten) links klatschen oder eine*n Partner*in „anklatschen"
- **beim Patschen:** nicht nur auf verschiedene Körperteile, sondern z. B. auch in der Hocke auf den Boden oder einem Partnerkind auf Arme, Beine oder Schultern patschen usw.

Bodypercussion-Rhythmusfundgrube

In diesen Notenbeispielen habe ich etwas **komplexere Bodypercussion-Rhythmen für verschiedene Stilistiken** notiert, die sich zur Liedbegleitung (zur Begleitung eines Chors oder von Melodieinstrumenten) eignen. Einige dieser Rhythmen können von einem*einer Spieler*in alleine gespielt, andere können von weiteren Spieler*innen ergänzt werden.
Unter den Noten steht der vorgeschlagene Bodypercussion-Sound. Für einige Sounds habe ich noch die empfohlene „Richtung" bzw. „Spielseite" (R., L.) notiert.
Bei einigen Rhythmen kann man die „Schnipser, Bein- oder Brustpatscher" auch mit beiden Händen gleichzeitig ausführen. Es gilt auch hier, auszuprobieren, was jedem*jeder selbst motorisch möglich ist, und dann den Rhythmus **entsprechend den Fähigkeiten der Gruppenmitglieder** abzuändern, also zu differenzieren.
Die Beispiele können jederzeit erweitert werden, wenn man sich z. B. verschiedene rhythmische Stilistiken auf Tonträgern oder Konzerten anhört, sich dazu bewegt (tanzt) und den Grundrhythmus der Schlagzeuger*innen auf den eigenen Körper zu übertragen versucht. Danach experimentiert man mit versch. Body-Sounds und erprobt Varianten des Grundrhythmus.

Bodypercussion-Rhythmusfundgrube
Tobias Klee
Rock- und Pop-Grundrhythmen (für ein Kind bzw. Gruppe 1)
1)
St. (R. oder L.) Kl. St. Kl.
2)
St. Kl. R.St. L.St. Kl.
3)
R.St. L.St. Kl. R.St. Kl. Kl.
4)
St. Kl. R.St. L.St. Br.
Rock- und Pop-Begleitung zu den Rhythmen 1-4 (für ein weiteres Kind oder Gruppe 2)
R.St. Schn. L.St. Schn. ...
R.Schn. L.Schn. R.Br. L.Br. ...
Rock- und Pop- Rhythmusvariation - klatschen, stampfen, schnipsen (für ein Kind bzw. eine Gruppe)
R.St. Schn. Schn. L.St. Kl.
R.Br. L.Schn. Kl. L.Schn. ...
R. St. Schn. Kl./ L. St. Schn. R.St. Schn. Br. Br.
R.St. Be. R.St. Be. Be. R./L. R./L.
R&B, Soul und Hip-Hop-Rhythmen:
R.St. R.Schn. L.Schn. L.St. R.Schn. L.Schn. Kl. L.Schn.
R.St. L.St. Kl. R.St. Kl.
R.St. L.St. Kl. R.St. R.St. Kl.
R.St. Kl. R.St. L.St. Schn.
Latin-Rhythmen
R.St. Kl. R.St. L.St. Kl. Br.
R.Schn. L.Schn. R.Br. L.Br. R.Schn. L.Schn. Kl.

Bodypercussion 1

„4 on the dancefloor“

Tobias Klee

In diesem recht **einfach gehaltenen Arrangement** *(Bodypercussion 1)* habe ich mich für einen geraden Viertelrhythmus entschieden. Ich verwende es gerne als Einstieg in die Welt der Percussion-Arrangements. Die Spieler*innen werden so an die folgende Struktur gewöhnt: Intro/Einstieg – Groove – Break – Ending/Schluss – ohne sich komplexe rhythmische Figuren merken zu müssen.

Das Arrangement sollte langsam einstudiert werden (z. B. mit den ab S. 31 beschriebenen Methoden), bis jeder Rhythmus des Arrangements „sitzt" und von der gesamten Gruppe nachvollzogen werden kann.

Groove-Möglichkeit 1 besteht aus zwei Takten und kann von der gesamten Gruppe – auch nach dem Break – bis zum Schluss gespielt werden.

Als Variante habe ich noch **Groove-Möglichkeit 2** angefügt, bei der die Großgruppe (vorab) in zwei Kleingruppen aufgeteilt wird und die Grooves parallel spielt. **Choreografie:** In Groove-Möglichkeit 1 können die Klatscher im ersten Takt einmal rechts oben und einmal links oben ausgeführt; die Klatscher im zweiten Takt in der Mitte.

Für das Stampfen empfehle ich, mit rechtem und linkem Bein im Wechsel aufzustampfen.

Bodypercussiongruppe mit „Pulsgeber"

Bodypercussion 2

„Rock for it“

Tobias Klee

Einstieg

2-mal

Kl. Kl. St. St. ...

Groove 1

3

Break

5

Groove 2

Gruppe 1 Gruppe 2

7

Schluss

9

11

Hier werden **Viertel-Achtelbausteine** *(Bodypercussion 2)*, wie wir sie aus dem Rhythmusbaukasten 1 (s. S. 66) kennen, zu einem kompletten Arrangement zusammengestellt. Auch hier sollte man sich dem Arrangement zunächst langsam und taktweise nähern; die perkussiven Körperbewegungen verlangen eine gute Koordination, damit sie „grooven“. Das Arrangement lässt sich auch mit anderen Bodypercussion-Sounds umsetzen.

Der **Einstieg** wird insgesamt zweimal gespielt, also insgesamt vier Takte. Nach dem Break wird ein **zweiter Groove gespielt** – jedoch nach dem „Call-and-Response"-Prinzip: Während Gruppe 1 den ersten Takt spielt und im zweiten Takt pausiert, antwortet Gruppe 2 im zweiten Takt mit einem anderen Rhythmus.

Bodypercussion-Arrangements kann man auch aus schon vorhandenem Notenmaterial selbst entwickeln (z. B. aus vorhandenen Schlagzeug- bzw. Percussionrhythmen, Clave-Pattern etc., vgl. *Bodypercussion 3.1*).
Im Folgenden werde ich **zwei Gestaltungsvarianten** in Form von Beispielen erläutern, die zeigen sollen, wie man von einem (komplexen) Rhythmus zum Percussion-Groove bzw. Percussion-Arrangement gelangt:

Gestaltungsvariante 1:
Die im **Notenbeispiel 1** in der ersten Notenreihe aufgeführten 1/4-Takte (Viertel, Viertelpause, eine Achtel, zwei Achtel) können als „Bausteine" beliebig zu einem kompletten 4/4-Takt zusammengefügt werden. *Vier* Bausteine ergeben dabei *einen* 4/4-Takt. Die Bausteine selbst können dann entweder geklatscht, gestampft oder als Verbindung von Klatsch- und Stampfbausteinen innerhalb eines 4/4-Taktes verschieden kombiniert werden. So ergeben sich bereits zahlreiche Variationsmöglichkeiten. Dadurch kann ein „Rhythmus" entstehen, der nun auf den Körper, Stimme bzw. später auch auf die Alltagsinstrumente übertragen werden kann. Ergänzt man diesen Rhythmus nun mit weiteren (Begleit-)Rhythmen, also einem neu „zusammengebauten" 4/4-Takt, der aber jetzt mit anderen „Instrumenten" gespielt wird, erhält man einen Groove, der sich immer weiter ausbauen lässt. „Einstieg", „Break", „Schlussform" und evtl. weitere „Grooves" bilden dann ein komplettes Arrangement.

Gestaltungsvariante 2:
Nun gehen wir von einem kompletten, schon vorgegebenen Rhythmuspattern aus. **Notenbeispiel 2** zeigt die einzelnen Rhythmusbausteine für ein typisches Latin-Pattern (hier: eine 2-taktige „Samba-Figur") auf, das in **Notenbeispiel 3** mit einem Merkvers verinnerlicht (gesprochen) und somit Schritt für Schritt („vom Körper zum Instrument"!) erarbeitet werden kann.
Tipp 1: Geht man den Viertelpuls gleichmäßig auf der Stelle mit (rechts – links – rechts – links), erleichtert es die Spielbarkeit des rhythmischen Klatsch- und Sprechflusses von Notenbeispiel 3, v. a. wenn man die „Achtel-off-Noten" (die „und": 1 **und** 2 **und** 3 **und** 4 **und** …) im zweiten Takt klatschen soll.
Das „Gehen" bildet dabei eine grundlegende Orientierung: Erst *nach* einem Schritt wird eine „Achtel-off-Note" bzw. „Achtel-und-Note" geklatscht.
In **Notenbeispiel 4** werden mögliche Begleitpattern zum Latin-Rhythmus

aufgezeigt, die auch für andere Latin-Pattern herangezogen werden können; im harmonischen Zusammenspiel aller rhythmischen „Stimmen" entsteht ein Latin-Groove. Der Latin-Groove kann nun auch wieder, wie in **Notenbeispiel 5** gezeigt, um einen weiteren Rhythmus – aus dem Rhythmusbaukasten (Notenbeispiel 1) entwickelt – harmonisch ergänzt werden.
Tipp 2 (Vocalpercussion-Variante): Das 2-taktige (vollständige) Pattern aus Beispiel 3 kann innerhalb von zwei Gruppen (klatschend und sprechend) aufgeteilt werden.

Beispiel:
Gruppe 1 spricht und klatscht den ersten Takt aus Notenbeispiel 3. Danach spricht und klatscht Gruppe 2 den zweiten Takt aus Notenbeispiel 3. Dazu „spielt" im „Hintergrund" (während Gruppe 1 und Gruppe 2 weiterspielen) oder nachdem Gruppe 2 mit ihrem Takt fertig ist (Gruppe 1 und 2 haben dann entsprechend Pause) eine weitere Gruppe, z. B. Gruppe 3, Notenbeispiel 5. Das 2-taktige Latin-Pattern (Samba-Figur) wurde somit von einer dritten Gruppe bzw. durch einen dritten Takt erweitert. Begleitet werden kann das nun 3-taktige Pattern von weiteren Gruppen bzw. Gruppenmitgliedern, die die Beispiele 4.1 bzw. 4.2 durchgehend (ohne Pause) „spielen" – ein gemeinsamer Groove entsteht.

Bodypercussion 3.2

„Latin-Clave"

Tobias Klee

Einstieg

Ruf (Übungsleitung: Kl.) Antwort (Gruppe: St.)

Übungsleitung Gruppe Übungsleitung Gruppe (Po-Patscher)

Einzähler (Takt 1) / Break (Takt 2)

Ruf (Kl.) (Kl.) (Kl.) (Kl.) Antwort (Kl.) (Kl.) (Kl.) (St.)
der Übungsleitung der Gruppe

Gemeinsamer Groove 1 (nach jedem Break verändern - anders verteilen!)

(Kl.) (Kl.) (Kl.) (Kl.) (Kl.) (Kl.) (Kl.) (St.) (St.)

Groove 2

Schluss

Allgemeiner **Ablauf** des Percussion-Arrangements *(Bodypercussion 3.2)*: Einstieg – Groove 1 – Break – Groove 1 (evtl. mit Variante) – Break – Groove 2 (ohne Break!) – Schluss. Dieses etwas komplexere Arrangement basiert auf einem Samba-Pattern (vgl. *Bodypercussion 3.1*, S. 100), das als durchgehender Groove gespielt wird. Daher sollten Sie einige Zeit zur Erarbeitung des 2-taktigen Patterns investieren. Erarbeiten Sie als Vorübung zu diesem Arrangement den „Witze-Sprechrhythmus" aus *Bodypercussion-Arrangement 3.1* (S. 100).
Der **Einstieg** in dieses Arrangement wird als „Ruf-Antwort-Pattern" zwischen Lehrkraft und Gruppe gestaltet; wobei die Lehrkraft die „Noten" spielt, die auf der oberen Notenlinie (3. Notenlinie) notiert sind, und die Gruppe die Noten auf der unteren (ersten) Notenlinie.
Dem **Break** wird ein „Einzähler" (4 Pulsschläge) der Lehrkraft vorangestellt (vgl. Takt 1). Die Gruppe „antwortet" mit dem darauffolgenden Takt 2. Danach können beim Weiterspielen von Groove 1 die zwei letzten Schläge „gestampft", statt durchgehend geklatscht werden. So ergibt sich eine akustische Variation.
Nach dem zweiten oder dritten Durchlauf der Breakfigur kann **Groove 2** gespielt werden. Der Schluss wird stampfend als crescendo „gespielt", d. h. immer lauter werdend. Beim Schlussakzent kann die gesamte Gruppe in die Luft springen und stampfend bzw. klatschend aufkommen.

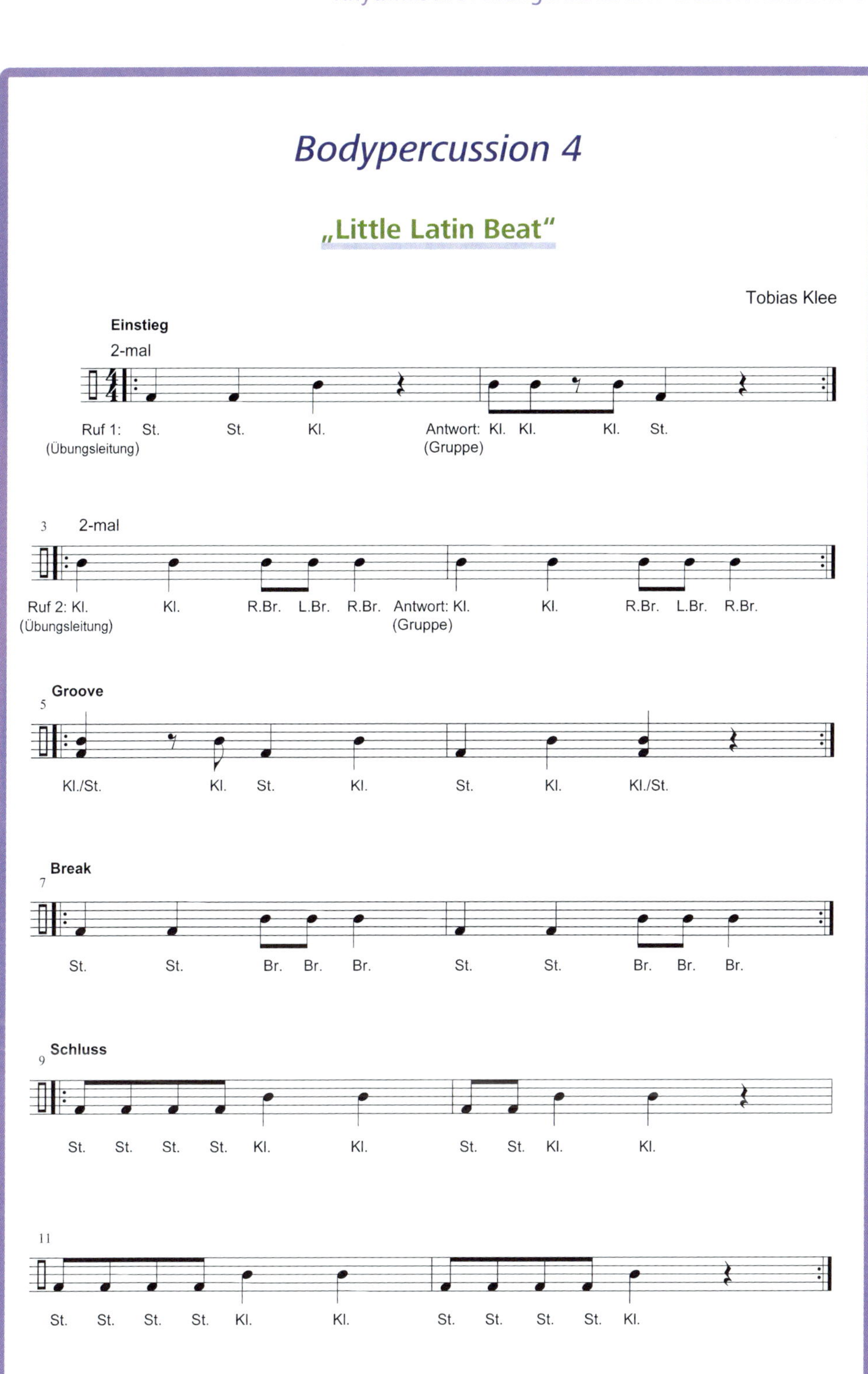
Bodypercussion 4
„Little Latin Beat“
Tobias Klee
Einstieg
2-mal
Ruf 1: St. St. Kl. Antwort: Kl. Kl. Kl. St.
(Übungsleitung) (Gruppe)
3
2-mal
Ruf 2: Kl. Kl. R.Br. L.Br. R.Br. Antwort: Kl. Kl. R.Br. L.Br. R.Br.
(Übungsleitung) (Gruppe)
Groove
5
Kl./St. Kl. St. Kl. St. Kl. Kl./St.
Break
7
St. St. Br. Br. Br. St. St. Br. Br. Br.
Schluss
9
St. St. St. St. Kl. Kl. St. St. Kl. Kl.
11
St. St. St. St. Kl. Kl. St. St. St. St. Kl.

Auch dieses Percussion-Arrangement *(Bodypercussion 4)* basiert auf einer gängigen **Latin-Clave**. Das Intro besteht aus „Ruf 1“ und „Ruf 2“, die mit den entsprechenden Antwortrhythmen jeweils zweimal wiederholt werden. Als Besonderheit dieses Bodypercussion-Arrangements werden im Intro Brustpatscher eingesetzt. Zudem wird beim Groove zum Klatschrhythmus auch noch auf die „1“ und „3“ mitgestampft. Der Groove kann auch hier wieder mit verschiedenen Bodypercussion-Sounds interpretiert werden.

Bodypercussion 5

„Vocal-Reggae“ („do-ge-di“)

Tobias Klee

Einstieg (alle)

do - ge do - ge do - ge do - ge bak bum bum

Groove

3 Gruppe 1

bum bak

Gruppe 2

do - ge do - ge

5 **Break** (alle oder Gr. 1 spielt Triolen und Gr. 2 Viertel)

do-ge-di do-ge-di bum bum do-ge-di do-ge-di bum bum

7 **Schluss**

do-ge-di bak do-ge-di bak do-ge-di do-ge-di bum bum

9

do-ge-di bak do-ge-di bak do-ge-di do-ge-di bum bum bak

Dieses „triolische" Percussion-Arrangement *(Bodypercussion 5)* ist **für verschiedene „Stimmen"** geschrieben. Es kann natürlich auch mit anderen Bodypercussion-Sounds einstudiert werden. Vorab sollten die Schüler*innen **triolische Vorübungen** durchführen (vgl. die „3er-Übungen" aus Rhythmusbaukasten 2, S. 67). Einstieg, Groove und Break können alle Gruppenmitglieder komplett gemeinsam spielen. Die Teile können aber auch auf zwei Gruppen aufgeteilt werden (s. Vorschlag im Arrangement).

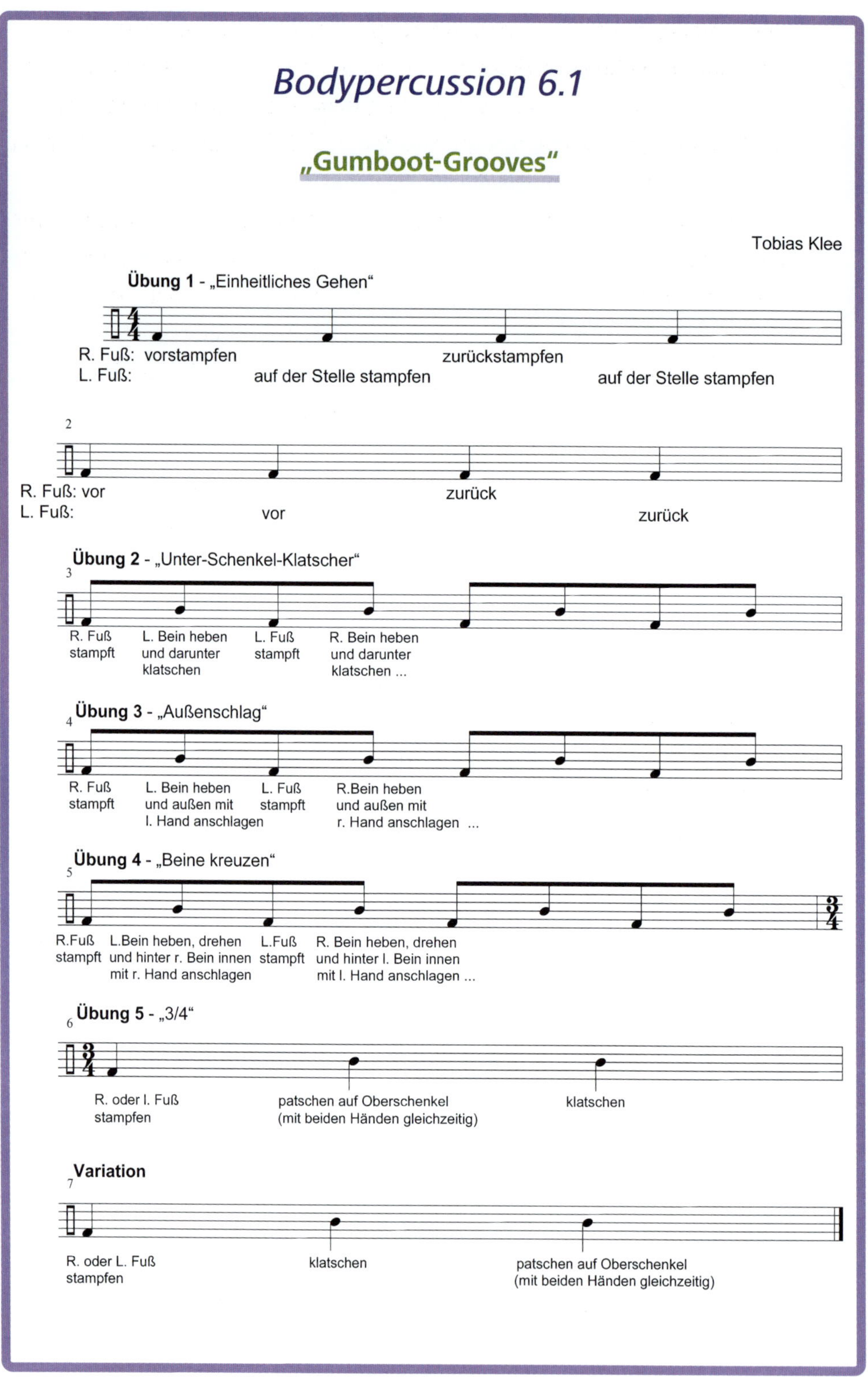
Bodypercussion 6.1
„Gumboot-Grooves“
Tobias Klee
Übung 1 - „Einheitliches Gehen“
R. Fuß: vorstampfen
zurückstampfen
L. Fuß:
auf der Stelle stampfen
auf der Stelle stampfen
R. Fuß: vor
zurück
L. Fuß:
vor
zurück
Übung 2 - „Unter-Schenkel-Klatscher“
R. Fuß stampft
L. Bein heben und darunter klatschen
L. Fuß stampft
R. Bein heben und darunter klatschen ...
Übung 3 - „Außenschlag“
R. Fuß stampft
L. Bein heben und außen mit l. Hand anschlagen
L. Fuß stampft
R.Bein heben und außen mit r. Hand anschlagen ...
Übung 4 - „Beine kreuzen“
R.Fuß stampft
L.Bein heben, drehen und hinter r. Bein innen mit r. Hand anschlagen
L.Fuß stampft
R. Bein heben, drehen und hinter l. Bein innen mit l. Hand anschlagen ...
Übung 5 - „3/4“
R. oder l. Fuß stampfen
patschen auf Oberschenkel (mit beiden Händen gleichzeitig)
klatschen
Variation
R. oder L. Fuß stampfen
klatschen
patschen auf Oberschenkel (mit beiden Händen gleichzeitig)

Der Unterschied zu den übrigen Bodypercussion-Grooves besteht bei den Gumboot-Grooves *(Bodypercussion 6.1)* darin, dass hier **mit Gummistiefeln (engl.: „Gumboots")** gespielt wird. Die Stiefel können auch seitlich am Schaft angeschlagen werden und liefern dadurch interessante Soundvarianten.

Der afroamerikanische „Gumbootdance" beschränkt sich auf das dumpfe, jedoch vom Sound her „eintönige" Aufstampfen der Gummistiefel. Hinzu kommen Schläge an die Stiefelschäfte oberhalb und in Höhe der Fußgelenke, die vorwiegend durch Heben und Drehen des Beines nach außen oder innen ausgeführt werden, sowie „Händeklatscher" und „Beinpatscher". Recht urige („bayrische") Sounds erzielt man übrigens beim Spielen in bzw. auf Lederhosen (klatschen bzw. patschen) und Wanderschuhen (vgl. „Schuhplattler") – evtl. auch statt der „Gumboots".

Alle Spieler*innen benötigen für die Gumboot-Grooves hohe Gummistiefel. Sämtliche Bewegungen werden in einer leicht gebeugten Haltung ausgeführt, mit leicht gebeugten Knien. Der **Bewegungsablauf** sollte zunächst ganz langsam einstudiert werden. Die Bewegungen müssen *fließend* ausgeführt werden und dürfen nicht „abgehackt" aussehen bzw. klingen (Vorübung: s. Notenbeispiele im Arrangement 6.1, mit verschiedenen „Spielvarianten": Übung 1 bis 5). Achten Sie auf den **korrekten Sound**. Einen „vollen Sound" erzielen Sie, indem Sie den Stiefel mit der Handinnenfläche anschlagen. Vermeiden Sie dabei „Randschläge" oder „Ausrutscher".

Übung 1 widmet sich zunächst dem korrekten „Gehen" bzw. „Stampfen" mit Gummistiefeln. Dabei können auch verschiedene „Akzente" gesetzt werden.

Die **Übungsbeispiele 2 bis 4** zeigen weitere „Grundbewegungen".

Übung 5 und die **Variation** umfassen jeweils einen Bewegungsablauf aus drei unterschiedlichen Bodypercussion-Sounds, die aufeinanderfolgen.

Bodypercussion 6.2

„Gumboot-Dance“

Tobias Klee

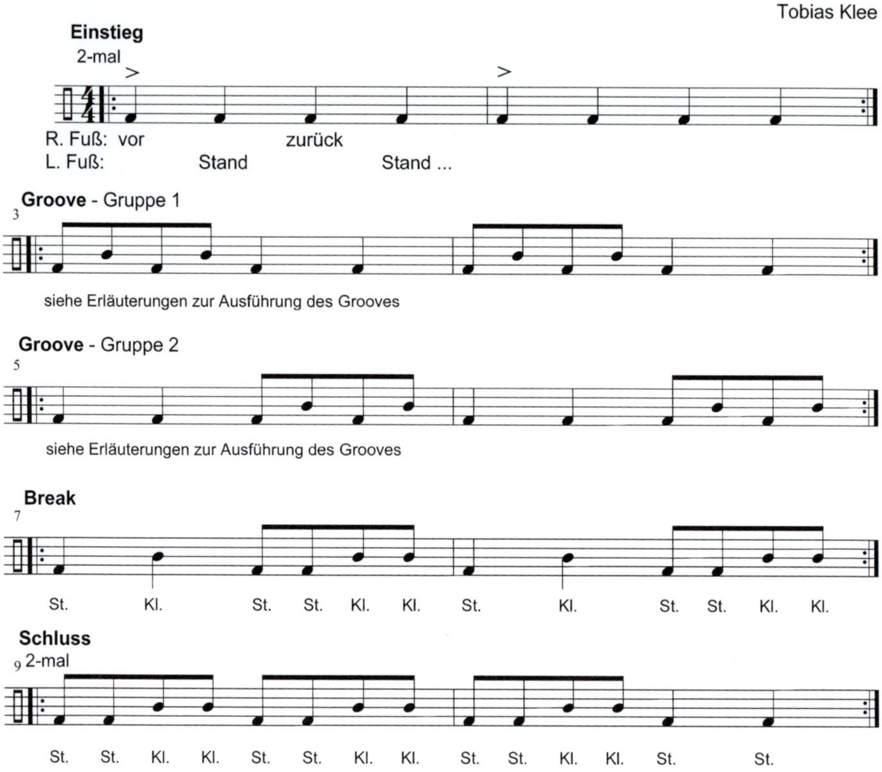

Einstieg
2-mal

R. Fuß: vor zurück
L. Fuß: Stand Stand ...

Groove - Gruppe 1

siehe Erläuterungen zur Ausführung des Grooves

Groove - Gruppe 2

siehe Erläuterungen zur Ausführung des Grooves

Break

St. Kl. St. St. Kl. Kl. St. Kl. St. St. Kl. Kl.

Schluss
2-mal

St. St. Kl. Kl. St. St. Kl. Kl. St. St. Kl. Kl. St. St.

Zum **Einstieg** *(Bodypercussion 6.2)* geht die gesamte Gruppe, beginnend mit dem rechten Fuß, auf der Stelle. Auf der „1“ stampft der rechte Fuß (akzentuiert), nach vorne gehend, auf. Der linke Fuß stampft auf der „2“ auf der Stelle. Auf der „3“ zieht sich der rechte Fuß wieder zurück und stampft auf. Die „4“ wird wieder vom linken Fuß, auf der Stelle stampfend, ausgeführt.

Der **Groove** wird nun nach dem gemeinsamen Einstieg auf ein Signal (oder nach einer vereinbarten Anzahl von Takten, z. B. nach 8 Takten) auf zwei Gruppen aufgeteilt, die ihn verschieden interpretieren.

Gruppe 1 beginnt also nach dem gemeinsamen Einstieg ihren Groove, während Gruppe 2 den Einstiegsrhythmus weitergeht. Nach z. B. 8 Takten setzt Gruppe 2 dann mit ihrem Groove dazu ein.

Gumboot-Dance-Groove „unter der Lupe" für Gruppe 1:

1	**und**	**2**	**und**	**3**	**4**
rechter Fuß nach vorne (akzentuiert)	linkes Bein hochheben und einmal darunter (unter dem linken Oberschenkel) durchklatschen	linker Fuß stampft wieder auf dem Boden auf (im Stand)	beim Zurücksetzen des rechten Fußes wird der Fuß in Höhe des Fußgelenks mit der rechten Hand außen angeschlagen	rechter Fuß stampft auf (zurück)	linker Fuß stampft auf (Stand)

Gumboot-Dance-Groove „unter der Lupe" für Gruppe 2:

1	**2**	**3**	**und**	**4**	**und**
rechter Fuß stampft vorne auf	linker Fuß stampft im Stand (auf der Stelle) auf	rechter Fuß stampft, nachdem er zurückgezogen wurde, auf	linken Fuß anheben und in der Höhe des Fußgelenkes mit der linken Hand außen anschlagen	linker Fuß stampft wieder auf	rechten Fuß anheben und in Höhe des Fußgelenkes mit der rechten Hand anschlagen

Break und **Schluss** werden jeweils in gebeugter Haltung ausgeführt.
Die „tiefen Noten" werden gestampft; bei den „hohen Noten" klatscht man seitlich mit den Händen gegen die Gummistiefel. Ebenso lassen sich natürlich auch andere Sounds bzw. Bewegungs-Choreografien in den Groove einbauen.

Bodypercussion 7

„Klassenhit-Groove“

Tobias Klee

Bodypercussion (Grundgroove)

R.St. Kl. Kl. R.St. Kl. ...

Stimme (Begleitgroove)

„bumm“ „tsik“ „tsik“ „tsik“ „tsik“ ...

Rap-Refrain

Al - le Schü - ler ma - chen mit, dich - ten ei - nen Klas - sen - hit.

Rap-Text (Rhythmus)

In diesem Arrangement *(Bodypercussion 7)* biete ich einen **Grundrhythmus bzw. Begleit-Groove** an, der sich dazu eignet, einen **eigenen „Klassenhit“** zu produzieren. Zunächst sollten die Schüler*innen den „Grundrhythmus“ einüben. Danach kommen die weiteren „Begleitstimmen“ hinzu.

Für den **Refrain** habe ich einen Rap-Text entwickelt, über den die Gruppe den Rhythmus erarbeiten kann. Der **„Strophenrhythmus“** ist darauf abgestimmt (allerdings ohne Text). Dies stellt jedoch nur eine Möglichkeit dar. Die Gruppe kann auch einen eigenen Rhythmus aus verschiedenen (bekannten) Rhythmusbausteinen bzw. Grooves entwickeln, die in diesem Buch aufgeführt sind.

Im fächerübergreifenden Unterricht können die Kinder (ab dem drittem Schuljahr) z. B. einen **eigenen „Rap-Text“** (zum Rhythmus von Takt 7 und 8) entwickeln. Viele Themen sind denkbar: Unterricht, Streit, Liebe etc. Reimwörter werden gesucht und die Silbenlänge mit dem Strophenrhythmus verglichen, damit die Sprechrhythmik mit dem „gespielten" Rhythmus übereinstimmt. Inspirierend wirken dabei bekannte Hörbeispiele deutscher Hip-Hop- bzw. Rap-Künstler*innen (z. B. „Die Fantastischen Vier").

Besen-Arrangements

Besen-Rhythmusfundgrube 1

(vgl. Rhythmusbausteine in Kapitel 5)

Viertelnoten-Pausen-Systeme

Tobias Klee

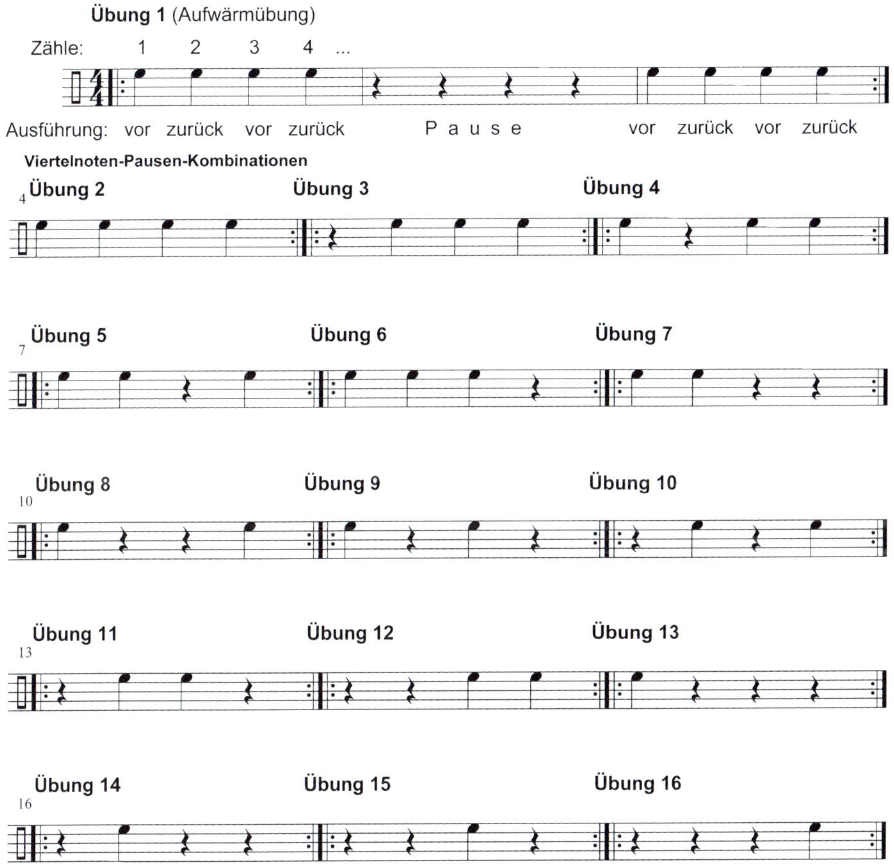

Übung 1 aus der *Besen-Rhythmusfundgrube 1* ist eine Aufwärmübung. Die Schüler*innen können mit dieser Übung das sichere Zählen, Pausieren und Spielen trainieren (Aktions- und Ruhephase).
Bei den **Übungen 2 bis 16** bewegen die Schüler*innen die Besen mit korrekter Hand- und Körperhaltung vor- und rückwärts (bzw. auf und ab/ Wippbewegung). Dabei sollten sie unbedingt mitzählen und auf gleichmäßige Bewegungsabläufe achten.
Folgende **Bewegungen** werden bei diesem Arrangement vorgeschlagen: Auf der „1" wird eine Vorwärtsbewegung ausgeführt (mit Bodenkontakt), auf der „2" eine Rückwärtsbewegung (mit Bodenkontakt) usw. Der Besen sollte daher immer „durchgeschwungen" (vor – zurück!) werden. Bei Pausen „pausiert" die Besenbewegung oder der Besen schwingt „nicht hörbar" (ohne Bodenkontakt) mit. Nach einer Pause kann man immer mit einer Vorwärtsbewegung oder Rückwärtsbewegung beginnen. Wichtig ist nur, dass sich Vor- und Rückwärtsbewegungen gleichmäßig abwechseln.
Die Takte können **auf verschiedene (Besen-)Spielgruppen aufgeteilt** werden und ergeben so – gemeinsam gespielt – erste „Grooves" (Beispiel: Gruppe 1 spielt Übung 5, Gruppe 2 spielt Übung 10 dazu). Während der **Pausen** können die Musiker*innen die Besen in der Luft „drehen" oder in einem Kreis (auf dem Boden) um die eigene Person herumführen.
Tipp: Die vorliegenden Besen-Rhythmen können auch mit einem „Shaker" (Rassel) gespielt werden.

Besen-Rhythmusfundgrube 2

Viertel-Achtel-Bausteine

Tobias Klee

Zähle: 1 2 3 4 1 und 2 und 3 und 4 und 1 2 3 4 - und - und - und - und

Achtelnoten - Viertelpausen

5

Achtelnoten - Viertelnoten

9

13

17

21

Achtelnoten-Pausen-Bausteine

23

Bei diesen Übungen *(Besen-Rhythmusfundgrube 2)* kommt es v. a. auf den korrekten bzw. harmonischen Wechsel zwischen Viertel- und Achtelnoten und der „Achtel-unds" („Achtel-offs") an. Daher sollten die Schüler*innen sie unbedingt zunächst langsam üben.
Die **Takte 1 bis 4** sind als Aufwärmübung gedacht und schulen das korrekte Zähl- bzw. Zeitgefühl („Timing"). Bei den Achtelnoten sollten die Borsten „kurz" und „knackig" (entweder vor und zurück oder „auf der Stelle") über den Boden schrubben. **Takt 23 und 24** auf dem Notenblatt sollen als Impuls (Bausteine) dienen, um innerhalb eines 4/4-Taktes verschiedene Achtel- (und „Achtel-off")-Noten-Pausensysteme zu erarbeiten.

Besen-Rhythmusfundgrube 3

Viertelnoten-Akzentübungen

Tobias Klee

5

9

13

Um die **Akzente** *(Besen-Rhythmusfundgrube 3)* zu erzeugen, drehen die Musiker*innen ihre Besen um 90° und stoßen sie senkrecht mit der Seitenkante auf den Boden (vgl. S. 54–56). Die Akzente lassen sich auch auf andere Notenwerte übertragen (Achtel-, Sechzehntel-Akzentsysteme). Wichtg: Kreativ werden und einfach mit dem vorhandenen Material „spielen“! Auch in diesen Übungen kann man **verschiedene Grooves** erzeugen, indem bei mehreren Besengruppen jede Gruppe einen anderen einzelnen Takt umsetzt.

Besen-Rhythmusfundgrube 4

3er-Gruppierungen (3/4-Takt und Triolen)

Tobias Klee

Aufwärmübung

1 2 3 ...

5

9

13

Aufwärmübung
Viertelnoten - Achteltriolen

16

20

Aufwärmübung
Achteltriolen - Achtelnoten

Wichtig bei diesen Übungen *(Besen-Rhythmusfundgrube 4)* ist es, ein **Spielgefühl für die 3er-Spielweise** zu bekommen. Daher: anfangs immer langsam spielen und dabei laut und gleichmäßig mitzählen. Natürlich können die Viertelnoten des 3/4-Taktes wieder unterschiedlich akzentuiert werden. Schwieriger wird es beim Spiel der Achteltriolen. Innerhalb eines 4/4-Taktes werden 4 Achteltriolen mit jeweils 3 „triolischen" Achteln gespielt und somit 12 „triolische" Achtel.
Das Spielgefühl ähnelt dem Spielgefühl, das beim Spielen innerhalb des 3/4-Taktes entsteht. Sie können die Übungen „neu" interpretieren, indem Sie Akzente setzen.

Besen-Rhythmusfundgrube 5

Achteltriolen-Akzente

Tobias Klee

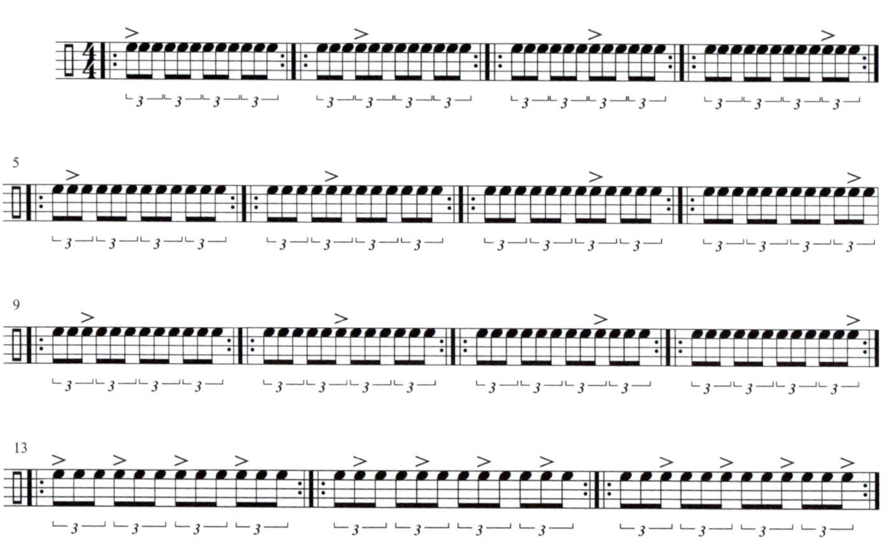

Auch diese Übung *(Besen-Rhythmusfundgrube 5)* sollten alle Besenspieler*innen zunächst langsam einstudieren. Die **Anzahl der Akzente** innerhalb eines 4/4-Taktes bzw. der 4 Achteltriolen kann (für Fortgeschrittene) beliebig erhöht werden. Einfach ausprobieren!

Besen-Arrangement 1

„Einkehrer"

Tobias Klee

Einstieg (Besengruppe betritt kehrend die Bühne)
2-mal

Groove für Gruppe 1

Groove für Gruppe 2

Groove für Gruppe 3

Groove für Gruppe 4

Break
2-mal

Schluss

Gr. 1 und 2 | Gr. 3 und 4 | Gr. 1 und 2 | Gr. 3 und 4 | alle

Zum **Einstieg** *(Besen-Arrangement 1)* betritt die Gruppe im korrekten Puls (vorher einzählen!) kehrend die Bühne und stellt sich gruppenweise, dem Publikum zugewandt, in eine Reihe. Nach vier gemeinsamen „Kehrtakten" (oder nach einem Signal der Gruppenleitung) beginnt **Gruppe 1** mit ihrem Groove und spielt ihn insgesamt 4 Takte, während die anderen Gruppen im Grundpuls weiterkehren. Nach vier Takten steigt **Gruppe 2** mit ihrem Groove ein und kehrt mit Gruppe 1 im Duett. Nach weiteren vier Takten (Groove 1 und Groove 2) kommt **Gruppe 3** hinzu und spielt ihren Groove vier Takte, bevor **Gruppe 4** einsteigt. Nach einem Signal der Lehrkraft erfolgt ein 2-taktiger (oder 4-taktiger) **gemeinsamer Break**. Danach steigen alle Gruppen gemeinsam wieder mit ihrem jeweiligen Groove ein. Die **Schlussfigur** wird „aufgeteilt": Gruppe 1 und 2 akzentuieren die Zählzeiten „1" und „2"; Gruppe 3 und 4 akzentuieren die Zählzeiten „3" und „4" („Ruf-und-Antwort"-Spiel). Der Schlussakzent wird von allen Spieler*innen gemeinsam gesetzt.

Besen-Sounds

Besen-Arrangement 2

„Verkehr(t)"

Tobias Klee

Einstieg
2-mal

R. St. L. St Besenakzent

Groove
Gruppe 1 Gruppe 2
3

R. St.

Gruppe 3 Gruppe 4
5

Besenakzente (optional)

Break
7

St. St.

Schluss
9

St. St.

11

St. St. St. St.

Im *Besen-Arrangement 2* für 4 Besengruppen zu je 3 bis 4 Mitspieler*innen werden im **Einstieg, Groove für Gruppe 1, Break und Schluss** Besen- und Stampfbewegungen kombiniert. Es kann mit beiden Füßen im Wechsel oder nur mit einem Fuß gestampft werden. Der 2-taktige Einstieg sollte insgesamt zweimal gespielt werden. Die **Besenakzente** für den Groove der Gruppe 4 sind optional.

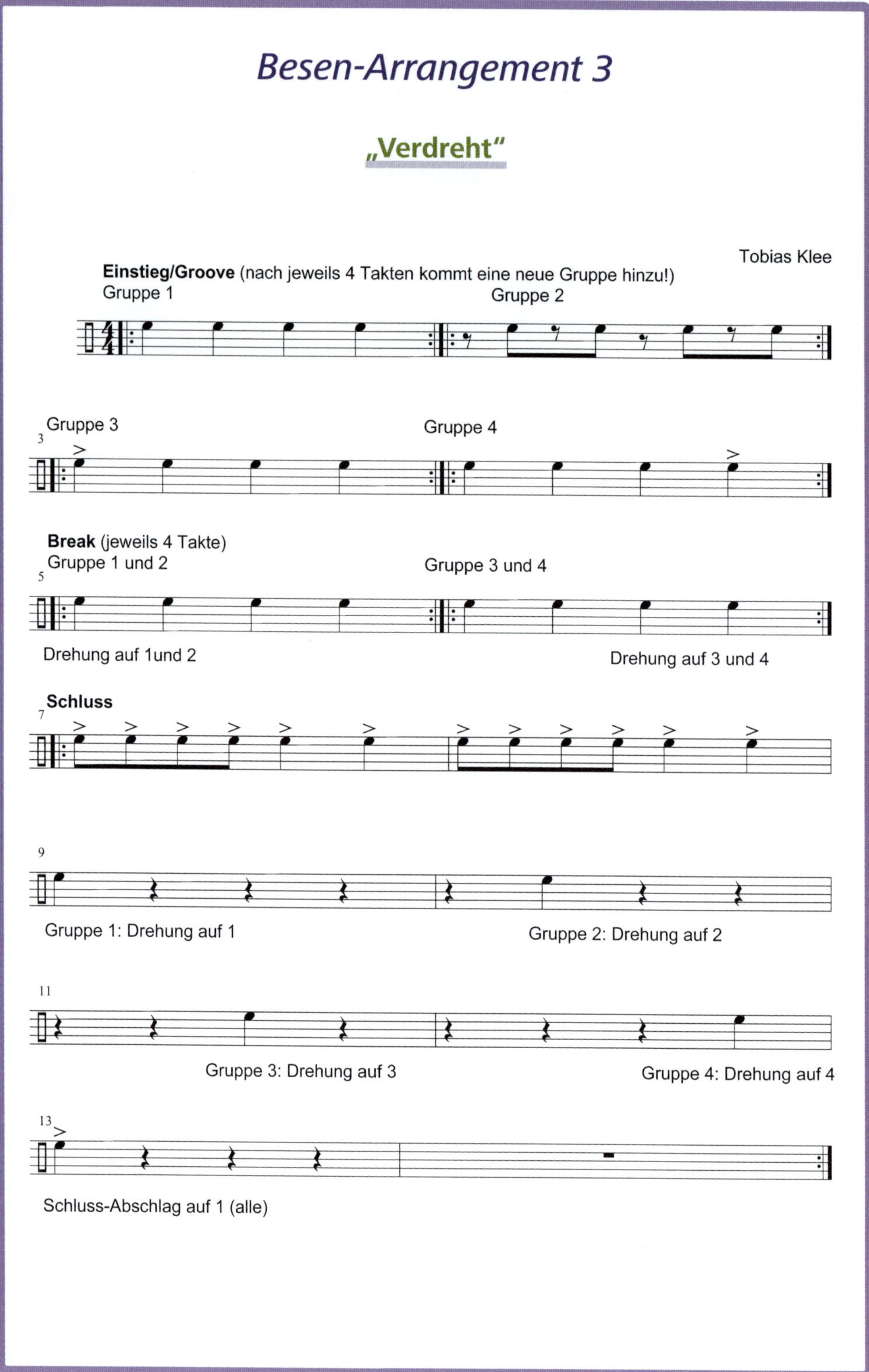
Besen-Arrangement 3
„Verdreht"
Tobias Klee
Einstieg/Groove (nach jeweils 4 Takten kommt eine neue Gruppe hinzu!)
Gruppe 1
Gruppe 2
Gruppe 3
Gruppe 4
Break (jeweils 4 Takte)
Gruppe 1 und 2
Gruppe 3 und 4
Drehung auf 1und 2
Drehung auf 3 und 4
Schluss
Gruppe 1: Drehung auf 1
Gruppe 2: Drehung auf 2
Gruppe 3: Drehung auf 3
Gruppe 4: Drehung auf 4
Schluss-Abschlag auf 1 (alle)

Auch in diesem *Besen-Arrangement 3* können jeweils vier „Kehrer*innen" in vier Besengruppen zum Einsatz kommen. Das Besondere: In der **Break- und Schlussfigur** werden die Besen in der Luft um 360° gedreht („überschlagen"). Die Gruppen können nacheinander kehrend die Bühne betreten oder schon auf der Bühne stehen und jeweils gruppenweise nach vier Takten „einsteigen".
Die **Besendrehung im Break** wird von den Gruppen 1 und 2 auf die Zählzeiten 1 und 2 und von den Gruppen 3 und 4 jeweils auf die Zählzeiten 3 und 4 ausgeführt. Jede Gruppe hat also für ihre Drehung zwei Zählzeiten Zeit. Das Timing muss stimmen – vorher intensiv üben!
Die **Besendrehung in der Schlussfigur** wird von den einzelnen Gruppen nacheinander auf einer Zählzeit umgesetzt: von Gruppe 1 auf der 1, von Gruppe 2 auf der 2, von Gruppe 3 auf der 3 und von Gruppe 4 auf der 4.
Tipp: Die Besendreher vorab langsam mit Metronom einüben, damit fließende Bewegungen entstehen.

Arrangements mit Stöcken, Stäben und Stangen

Bevor man sich mit ersten „Stock-Rhythmen" auseinandersetzt, sollte man sich zunächst an den korrekten Bewegungsablauf und das „Spielgefühl" gewöhnen. Dazu dienen die zusammengestellten **„Warm-up"-Übungen** für die Stöcke.

In der *Stöcke-Rhythmusfundgrube* habe ich **ganz unterschiedliche Stile bzw. Rhythmen** berücksichtigt. Die „Stockspieler*innen" können dabei weitere Rhythmus- oder Melodieninstrumente und schließlich auch Gesang (Chor) begleiten.
Die **„Stock-Übungen"** sollten auch wieder zunächst nur mit dem Körper erfasst (z. B. geklatscht und gestampft) und dann auf das Instrument (Stock) übertragen werden.
Zunächst habe ich mich auf **gängige Rock- und Pop-Rhythmen** konzentriert, wie sie in vielen Musikstücken bzw. „Klassikern" der Popmusik verwendet und dort v. a. vom Schlagzeug gespielt werden. Ein **geeignetes Spieltempo** lässt sich auf einem Metronom (Takt- bzw. Zählzeitmes-

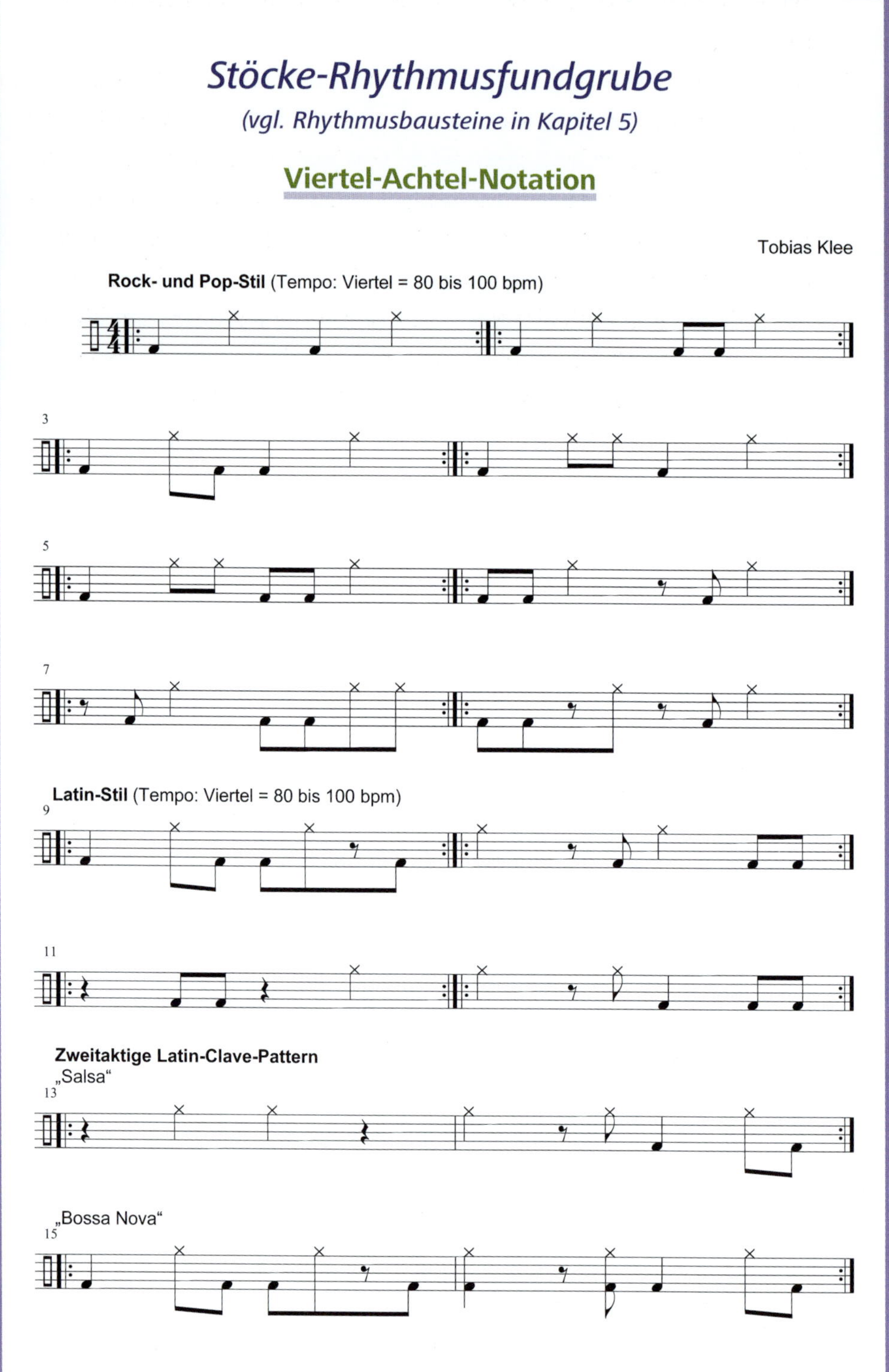
Stöcke-Rhythmusfundgrube
(vgl. Rhythmusbausteine in Kapitel 5)
Viertel-Achtel-Notation
Tobias Klee
Rock- und Pop-Stil (Tempo: Viertel = 80 bis 100 bpm)
3
5
7
Latin-Stil (Tempo: Viertel = 80 bis 100 bpm)
9
11
Zweitaktige Latin-Clave-Pattern
„Salsa“
13
„Bossa Nova“
15

ser) einstellen. Es liegt zwischen 80 und 100 bpm (= Pulsschlägen in der Minute).

Die **Latin-Stock-Rhythmen** sind von afrokubanischen und brasilianischen Rhythmen abgeleitet. Dort bildet eine meist 2-taktige rhythmische Schlüsselfigur – die „Clave" – den Basispuls. Die Clave-Rhythmen werden mit 20 cm langen Klanghölzern gespielt, die gegeneinandergeschlagen werden. Sie bilden die Grundlage von Salsa, Son, Bossa Nova und anderen Rhythmen. Sie lassen sich problemlos auf die „großen Stöcke" übertragen (s. Notenbeispiel). Auch hier eignet sich ein Spieltempo von 80 bis 100 bpm.

Tipp: Wie schon bei den obigen Arrangements kann auch bei den folgenden Kompositionen die Taktanzahl je nach Belieben der Spielgruppe bzw. der Lehrkraft von Einstieg, Grooves, Breaks und Schluss variieren.

Stöcke-Arrangement 1

„Holterdipolter"

Tobias Klee

Einstieg/Groove 1

3 Break

5 Groove 2

7 Schluss

9

Zum **Einstieg** *(Stöcke-Arrangement 1)* betreten die Akteurinnen und Akteure, leise „spielend", (Groove 1) die Bühne.
Die Spieler*innen können sich im Halbkreis oder in einer Reihe positionieren. Nach viermaligem Signalpfiff wird **Groove 1** in „normaler" Lautstärke weitergespielt. Nach **2-taktigem (oder 4-taktigem) Break 1** wird von allen Gruppenmitgliedern **Groove 2** gespielt. Denkbar wäre auch, dass ein Teil der Gruppe Groove 1 weiterspielt und der zweite Teil der Gruppe Groove 2 dazuspielt. Den **gemeinsamen Schluss** kann die Gruppe leise beginnen und die Lautstärke bis zum letzten Takt allmählich steigern (crescendo).

Stöcke-Arrangement 2

„Rock-Stock“

Tobias Klee

Einstieg (alle)

3

Groove 1 für Gruppe 1 (4 Takte alleine)

5

Groove 1 für Gruppe 2 (leiser als Gruppe 1!)

7

Break (alle)

9

Groove 2 (alle)

11

Schluss (4-mal im Wechsel)

Gruppe 1 Gruppe 2

13

alle zusammen

15

Im *Stöcke-Arrangement 2* spielen **zwei Stockgruppen** mit jeweils gleicher Anzahl an Mitspieler*innen. Der **Einstieg** erfolgt auf Zeichen der Lehrkraft gemeinsam. Die Gruppen positionieren sich in zwei Halbkreisen. Sie können sich aber auch in einer Reihe oder etwas „versetzt" nebeneinander aufstellen. Die Spieler*innen der Gruppe 1 stehen vorne. Die Spieler*innen der Gruppe 2 stehen im Abstand von einem Schritt versetzt dahinter. Gruppe 1 beginnt nun mit **Groove 1.** Nach vier Takten kommt Gruppe 2 hinzu, die ihren Groove jedoch etwas leiser als Gruppe 1 spielt. Nach dem 2-taktigen gemeinsamen Break spielen Gruppe 1 und Gruppe 2 gemeinsam **Groove 2.** Der Schluss wird zunächst im Wechsel als „Ruf-und-Antwort-Muster" umgesetzt. Gruppe 1 spielt auf den Zählzeiten „1" und „2", Gruppe 2 antwortet auf den Zählzeiten „3" und „4". Schließlich werden die beiden letzten Takte gemeinsam gespielt – mit allmählich ansteigender Lautstärke und lautem gemeinsamen Schlussakzent.

Tipp: Spektakulär wirkt es, wenn auf dem „Schlussakzent" alle Stöcke gemeinsam parallel (Stockspitze nach vorne zum Publikum!) auf dem Boden „abgelegt" werden.

Arrangements mit Kisten, Tonnen, Eimern und Co.

Die Kisten, Tonnen, Eimer, Kunststoffrohre sowie kleine und große Kunststoffflaschen können zunächst mit den Händen bespielt werden. Jedoch können auch geeignete „Trommelstöcke" aus verschiedenen Materialien (Holz-, Metall-, Kunststoffstäbe, Schlägel, Röhren etc.), die dem Material nicht schaden, verwendet werden. Ausprobieren!

Kreative Spielimpulse

- Die **Tonnen, Eimer und Kisten** können sowohl auf der dafür vorgesehenen Spielfläche als auch am Rand bzw. der Seite angespielt werden. Aus verschiedenen Tonnen, Eimern und Kisten bzw. Blech- und/oder Metalldeckeln lässt sich ein komplettes „Schlagzeug" zusammenstellen.
- Auf **stabilen Kisten** (z. B. Cajon-Percussioninstrument) oder **Tonnen** kann man sogar sitzen und die somit senkrecht geneigte Schlagfläche bespielen.
- Auf runden und viereckigen **(sauberen) Mülltonnen bzw. Mülleimern** aus Kunststoff oder Metall können die Rhythmiker*innen im Stehen mit verschiedenen „Trommelstöcken" spielen. Zusätzliche Soundeffekte entstehen, wenn sie die Mülltonnendeckel öffnen und schließen. Ein besonderer Effekt ist es, wenn sich ein Kind in einer großen Mülltonne „versteckt" und *in* der Tonne für zusätzliche Rhythmen sorgt. Die Zuschauer*innen sind sehr überrascht, wenn der*die zusätzliche Trommler*in plötzlich aus der Mülltonne springt.
- Eine **Metallleiter** eignet sich auch als Spielfläche. Die Spieler*innen können z. B. die Sprossen betrommeln oder an der Leiter Gegenstände zum Betrommeln befestigen.
- **Kehrbleche** aus Kunststoff oder Metall können mit einem kleinen Kehrbesen bespielt werden, der auf dem Boden oder dem Kehrblech selbst verschiedene Sounds erzeugt.
- 1,50 m lange **Kunststoffröhren** mit verschiedenen Durchmessern (ausprobieren) können waagerecht an einem Stativ oder an zwei Leitern befestigt und dann betrommelt werden oder man befestigt an der Leiter Gegenstände zum Betrommeln.
- **Kunststoffrohre** verschiedener Größe und **Plastikflaschen** erzeugen als „Trommelstöcke" am Körper, auf dem Boden oder anderen Schlagflächen verschiedene Sounds (vgl. „Boomwhackers" aus dem Musikalienhandel).

Grundsätzlich wird beim Trommeln (mit oder ohne Trommelstock) locker „von Hand zu Hand" abwechselnd gespielt: rechts – links – rechts – links etc. (Linkshänder*innen beginnen mit der linken Hand!). Der **Bewegungsablauf** ähnelt dem „Schwingen" einer Peitsche (Peitschenschlag). Wichtig ist, dass nach der Ausführung der Schläge die Trommelhand bzw. der Stock nicht in die Schlagfläche gepresst wird, sondern die Schlagfläche blitzartig wieder verlässt bzw. zurückfedert („rebound"). Nur so kann die Schlagfläche frei schwingen und sich der Trommelsound im Resonanzkörper entfalten. Andernfalls würde man den Klang „abdämpfen", was jedoch bei vielen Percussioninstrumenten (Conga, Bongo, Djembe …) auch häufig beabsichtigt wird und zum Soundrepertoire gehört. Je nachdem, in welcher Lautstärke die einzelnen Schläge ausgeführt werden, entstehen **verschiedene Akzentmuster**, die einen Rhythmus lebendiger (dynamischer) werden lassen. Generell spielt man die „Trommel" bzw. Schlagfläche zentral in der Mitte an. Randschläge, also Schläge, die am Rand des Schlagfeldes bzw. am Trommelrahmen ausgeführt werden, klingen „schärfer" und „knackiger". Die „Schlagzeuger*innen", die eine Trommel mit Trommelstöcken bespielen, schlagen auch häufig neben der Mitte der Schlagfläche nur den Rand (Rimclick) oder aber den Rand und die Fellmitte gleichzeitig an (Rimshot). Ebenso kann man jedoch die Trommel auch an der Seite des Resonanzkörpers mit Händen und/oder Stöcken bespielen. Bei Trommeln, die ausschließlich mit Händen bespielt werden, unterscheidet man den Bass-, Ton-, Tip-Schlag (z. B. Cajon, s. S. 58/59).

Grundlegende Trommelübunge

- Das Trommeln mit Händen bzw. Stöcken erfordert ein gewisses Maß an Koordination und Unabhängigkeit (der zwei Hände voneinander). Folgende grundlegende Übungen fördern **die Entwicklung des Spielgefühls**:

- Umsetzen von Rhythmen aus Rhythmusbaukasten 1 und 2 (s. S. 66/67) mit Händen und Trommelstöcken
- die Handsatzübungen (s. S. 80) mit Händen und Trommelstöcken

Mit diesem Repertoire lassen sich nicht nur die korrekten Spieltechniken, -sounds und Dynamikstufen erarbeiten, die man zum Trommeln benötigt. Man kann damit auch selbst Rhythmen, z. B. durch Aneinanderreihung mehrerer Takte, „erfinden".

40 „Trommelrhythmen" für Körper- und Alltagsschlagzeug

In den folgenden Notenbeispielen habe ich 40 wichtige Trommelrhythmen zusammengestellt, die **in vielen verschiedenen Musikstücken als Begleitrhythmen** zu finden sind. Einige Rhythmen habe ich bereits vorgestellt, andere sind neu und eher für fortgeschrittene Trommelgruppen bzw. Schüler*innen in weiterführenden Schulen geeignet. Bisher habe ich nur Viertel- und Achtelnoten zur Darstellung der Rhythmen herangezogen. Für fortgeschrittene Spieler*innen ergänze ich nun auch Rhythmen mit Sechzehntelnoten.

Alle Rhythmen sind dazu gedacht, verschiedene Lieder, Instrumental- oder Mitspielstücke rhythmisch auszugestalten bzw. zu begleiten. Die hier zusammengestellten Rhythmen sind nur ein ganz kleiner Teil der Rhythmen, die ein*e Schlagzeuger*in oder Percussionist*in beherrschen sollte. Um das eigene rhythmische Repertoire auszubauen, empfehle ich einen Blick in die entsprechende Fachliteratur für Schlagzeuger*innen bzw. Percussionist*innen. Um den Zugriff zu erleichtern, habe ich die hier vorliegenden **Rhythmen stilistisch sortiert**. Somit findet man „auf einen Blick" gängige Rock-, Pop-, Hip-Hop-Rhythmen usw., die sich z. B. zur Begleitung von Klassenliedern eignen und auf verschiedenen Percussioninstrumenten oder Alltagsgegenständen umsetzen lassen. Die Rhythmen können zu kompletten Schlagzeug-Grooves bzw. -Arrangements ausgebaut werden, indem man sie mit weiteren Percussionrhythmen bzw. -instrumenten „unterstützt".

Wichtig ist es, auch bei diesen Übungen alle Rhythmen erst langsam (zum gleichmäßigen Grundschlag) mit dem Körper umzusetzen, indem sie z. B. geklatscht, gestampft oder gesungen werden. Danach übertragen die Spieler*innen die Rhythmen auf das Percussioninstrument. Ich beschränke mich bei der **Darstellung der Rhythmusbeispiele** auf „Bass"-Schläge (notiert im unteren Notenlinien-Zwischenraum) und „Ton"-Schläge (notiert auf der mittleren Notenlinie).

Trommel – Spiel- und Soundvarianten

Trommel-Rhythmusfundgrube

„Trommel-Basisrhythmen 1"

Tobias Klee

Rock- und Pop-Rhythmen

Funk-, R&B- und Soul-Rhythmen

[15] 

In Video 15 sehen und hören Sie einige einfache Trommel- und Soundbeispiele – hier auf der Cajon (Takte 1–9 oben). Sie können direkt dazu mitspielen. „Ruf-Echo-Übung": 4 Takte werden jeweils vorgespielt, danach können Sie den Rhythmus 4 Takte nachspielen.

[15] Link: cloud.verlagruhr.de/lerninhalt/eMSLkZJTxR8s/

Trommel-Rhythmusfundgrube

„Trommel-Basisrhythmen 2"

Kreative Umsetzung der „Trommel-Basisrhythmen"

(vgl. Notenbeispiele, S. 132/133)

1) **Mit dem Körper:** Die „Bass"-Schläge werden zunächst mit den Füßen im Sitzen oder Stehen gestampft. Die „Ton"-Schläge können mit den Händen auf die Schenkel „gepatscht" oder „geklatscht" werden.

2) **Mit Eimer, Kisten, Tonnen etc.:** Die „Bass"-Schläge werden in die Mitte der Schlagfläche platziert. Die „Ton"-Schläge werden am Rand der Trommel ausgeführt (vgl. Cajon-Spieltechnik, S. 58/59). Dazu verwenden die Spieler*innen ihre Hände und/oder geeignete Trommelstöcke.
   Variation: Rechtshänder*innen spielen die „Bass"-Schläge mit der rechten Hand auf einer „tief" klingenden „Bass"-Trommel (z. B. einer Regentonne). Die „Ton"-Schläge erzeugen sie mit der linken Hand auf einer höher klingenden „Trommel" (z. B. einer Blechdose oder einem Eimer). Linkshänder*innen setzen ihre Hände entsprechend umgekehrt ein.

3) **„Klassische Spielweise":** Die „Bass"-Schläge werden mit dem rechten Fuß „gespielt" (z. B. gestampft). Die „Ton"-Schläge werden mit der linken Hand produziert (z. B. mit einem Stock auf einen Eimer). Ein*e echte*r Schlagzeuger*in setzt den Köper auf ähnliche Weise beim Spielen am Drumset (Schlagzeug) ein: Mit dem rechten Fuß betätigt er*sie mittels eines Fußpedals die Basstrommel („Bassdrum"), mit der linken Hand bespielt er*sie die „Snare" und mit der rechten Hand die „Becken" (Hi-Hat oder Ride-Becken). Linkshänder*innen setzen ihre Hände und Füße wieder entsprechend seitenverkehrt ein.

4) **Umsetzung mit langen Stöcken:** Um die „Bass"-Schläge zu erzeugen, kann der Stock auf den Boden aufgestoßen werden. Für die „Ton"-Schläge wird der kleinere Stock an den größeren Stock geschlagen.

5) **Umsetzung mit Besen:** Die „Bass"-Schläge werden „gekehrt", bei den „Ton"-Schlägen wird die Besenkante auf den Boden „aufgestoßen" (Akzent). Dabei können auch zwei Besenspieler*innen oder -gruppen zusammenarbeiten: Besengruppe 1 kehrt die „Bass"-Schläge, Besengruppe 2 spielt die Akzente („Ton"-Schläge).

Natürlich können die Rhythmen **auch auf anderen Alltagsgegenständen** gespielt werden. Einfach ausprobieren!

*Trommelspieler*innen bei der Probe*

Die „Blue Man Group“, „Stomp“ u. a. zeigen in ihren Shows, wie kreativ sie mit einfachen Rhythmen spielen und diese zu kompletten Arrangements ausarbeiten. Auch dazu soll die hier aufgeführte Rhythmusfundgrube anregen.

Die Trommel-Rhythmusfundgrube als Ausgangsbasis für eigene Percussion-Arrangements

Aus der hier aufgeführten Rhythmusfundgrube können komplette Grooves bzw. Arrangements für Ensembles entstehen. Dabei bietet sich folgende **Vorgehensweise** an:

1. Gemeinsame Spielregeln und -„zeichen“ vereinbaren (optische und akustische, Signale für Einstieg, Break …)
2. Einen (oder mehrere) Rhythmus (Rhythmen) aus den Trommel-Basisrhythmen auswählen und mit der Gruppe – vom Körper (stampfen, klatschen …) zum Instrument! – einüben

3. Einen anderen Rhythmus (aus dem Rhythmusbaukasten bzw. von den Trommelrhythmen) als „Break" wählen: Dieser wird von der gesamten Gruppe als „Unterbrechung" des ursprünglichen Rhythmus ein oder mehrere Takte gespielt oder dient als Überleitung zu einem weiteren Rhythmus (der vorher eingeübt wird).
4. Rhythmus und Break immer wieder im Wechsel einüben und dabei die vorher vereinbarten Zeichen einsetzen
5. Aus dem Rhythmusbaukasten bzw. der Trommel-Rhythmusfundgrube ein oder mehrere (gleiche oder verschiedene) Takte bzw. Rhythmen als „Einstieg" bzw. als „Schlussfigur" auswählen und einüben
6. Das komplette Arrangement langsam (zum gleichmäßigen Grundschlag) einüben, z. B. in dieser Form: Einstieg – Rhythmus – Break – Rhythmus – Schluss

7. Spiel-Stücke mit verschiedenen Alltagsgegenständen

(für Fortgeschrittene)

In diesem Kapitel habe ich nun einige kleine Percussion-Arrangements aufgeführt, die mit **verschiedenen Alltagsinstrumenten** umgesetzt werden können – vom Einfachen zum Komplexen!
Je nach Schwierigkeitsgrad und Spielniveau der Gruppe sollten Sie **3 bis 4 Schulstunden (à 45 Minuten)** einplanen, um ein Stück komplett einzuüben. Wichtig ist es, auch bereits eingeübte Stücke im Abstand von 2 bis 3 Wochen nochmals aufzufrischen. Dies gilt besonders dann, wenn die Schüler*innen kein Notenmaterial oder keine Aufnahme zur Hand haben und somit nicht gezielt zu Hause üben können. So schleifen sich die Percussionrhythmen immer mehr ein und die Gruppe gewinnt an Gruppenspieldynamik und -gefühl.

In den ersten vier Ensemble-Arrangements habe ich bewusst **rhythmisch einfache Bausteine** verwendet und immer wieder neu zusammengesetzt. Dies hat zum einen den Vorteil, bereits mit wenigen Bausteinen verschiedene, rhythmisch attraktive Stücke zu spielen, die von Grundschulkindern relativ schnell beherrscht werden. Zum anderen können die Instrumentalstimmen bzw. Instrumente recht flexibel untereinander ausgetauscht werden, sodass die Kinder mehrere Rhythmusstimmen relativ schnell verinnerlichen können. Es ändert sich meist nur das Instrumentarium oder der Spielverlauf. Je intensiver die einzelnen Bausteine vorab körperperkussiv erarbeitet wurden, umso leichter fällt die rhythmische Umsetzung im Percussionensemble.

Allgemeine Spielhinweise

Ich gebe bei den folgenden Ensemble-Arrangements **Hinweise zu Spieltempo** und vorgesehenen **„Spieler*innen“** bzw. **Instrumenten** sowie **Aktionsformen und Ablauf**. Dies sind jedoch nur Vorschläge, die jede Lehrkraft für ihre Gruppe abändern kann. Ebenso kann die Lehrkraft die **Spielerzahl** flexibel variieren. „Leise“ Instrumente, wie Besen, Rasseln etc., sollten mehrfach besetzt werden. Insgesamt sollte ein ausgewogenes Verhältnis zwischen den einzelnen Instrumentengruppen bzw. -sounds hergestellt werden.

Bereits während der Probephase empfehle ich, **Aufnahmen zu machen** und sich nach einer Probe diese „kritisch“ mit allen Gruppenmitgliedern anzusehen. Gerade Kinder lernen dabei, genau zuzuhören bzw. sich selbst – spielerisch – zu kontrollieren. Außerdem werden „Erfolge“ bzw. die Weiterentwicklung des Ensembles hör- und spürbar.

Zur Verinnerlichung der Ensemblestücke empfehle ich, von Zeit zu Zeit **„alte“ Stücke zu wiederholen**; ebenso dienen bei Notenunkundigen die Bausteine des Rhythmusbaukastens zum „Aufnotieren“ der Rhythmen („Punktrhythmen“: Punkte statt Noten). Die Notenbeispiele für die Ensembles können Notenkundigen natürlich auch, wie hier im Buch vorliegend, fürs Üben zu Hause ausgehändigt werden.

Tonnen, Eimer, Plastikschüsseln etc. können je nach Vorliebe mit bloßen Händen, Klobürsten oder Bambusstäben bespielt werden. Für die Stangen-Rhythmen empfehle ich beim „Stock-an-Stange“-Schlag Trommelstöcke.
Als „Shaker“ verwende ich Haushaltsmülltüten.

An folgendem **allgemeinen Spielverlauf (Reihenfolge der Bausteine)** können Sie sich bei der Erarbeitung der Arrangements orientieren: Einstieg (evtl. mit Break-Übergang) – Groove 1 – Break 1 – Groove 1 (oder 2) – Break 1 (oder 2) – Groove 1 (oder 2 oder 3) – … – Schluss (evtl. mit Break-Übergang).

Optische und akustische Zeichen für die einzelnen Bausteine des Arrangements (Einstieg – Groove – Break – Schluss) sollten vorab mit der Gruppe vereinbart werden. Ebenso ist es denkbar, schon vorab eine Taktzahl bzw. Anzahl der Wiederholungen der Arrangement-Bausteine festzulegen. Beispiel: 8 Takte Einstieg – 12 Takte Groove – 1 Takt Break – 12 Takte Groove – 2 Takte Schluss. Die **Lehrkraft** kann selbst auf der Bühne mitspielen, um z. B. während des

Spielverlaufs Tempo, Lautstärke und Breaks optisch anzuzeigen. Sie kann vor der Bühne bzw. an der Bühnenseite „mitdirigieren" oder auch hinter der Bühne (also für Publikum und Mitspieler*innen nicht sichtbar) nur rein akustische Zeichen geben. Letzteres ist bei fortgeschrittenen Gruppen zu empfehlen. Möglich ist auch, dass die Lehrkraft auf der Bühne die unsicherste Gruppe spielerisch unterstützt und so für mehr Spielsicherheit sorgt. Die **spielende Gruppe** sollte jedoch stets im Vordergrund stehen.

Spielend differenzieren – ALLE können mitspielen!

Die Spielgruppe kann die Bühne aus dem „Off" betreten. Dabei sollte sie sich **vor dem Auftritt** seitlich oder hinter der Bühne in der richtigen Reihenfolge aufstellen oder mitten durch den Saal (und durch das Publikum) zur Bühne laufen. Die Spielgruppe kann sich jedoch auch schon vor Beginn des Stückes entsprechend auf der Bühne positionieren (hinter geschlossenem Vorhang). Nach der Präsentation eines Stückes sollte man eine Verbeugung und das Vorstellen der Gruppe nicht vergessen.

Mögliche Spielpositionen (☺ = „Spielerposition")

Bei der Umsetzung der Percussionensemble-Arrangements sind **verschiedene Spielpositionen möglich**. Die Spielposition, das heißt die Aufstellung der Gruppe beim Spielen, sollte natürlich auf die Gruppen- bzw. Bühnengröße abgestimmt sein. Dabei nehmen die Spieler*innen die gewählte Ausgangsform schon vor Spielbeginn ein oder beziehen nacheinander aus dem „ungeordneten" Zustand eine vereinbarte Spielposition. Es können auch innerhalb eines Stückes mehrere Darbietungsformen (s. u.) miteinander kombiniert werden. Die Gesichter bzw. Körper der Spielgruppe können dabei einander oder dem Publikum zugewandt sein. Ebenso ist es denkbar, die Körper- bzw. Spielpositionen innerhalb einer Form auf ein gemeinsam vereinbartes Zeichen zu ändern. Hier einige Beispiele:

„Reihe“

„Hintereinander auf Lücke“:

„Im Halbkreis“ (zwei kleine oder ein großer Halbkreis!)

Gängige Kombination: „Halbkreis“ und „Reihe“

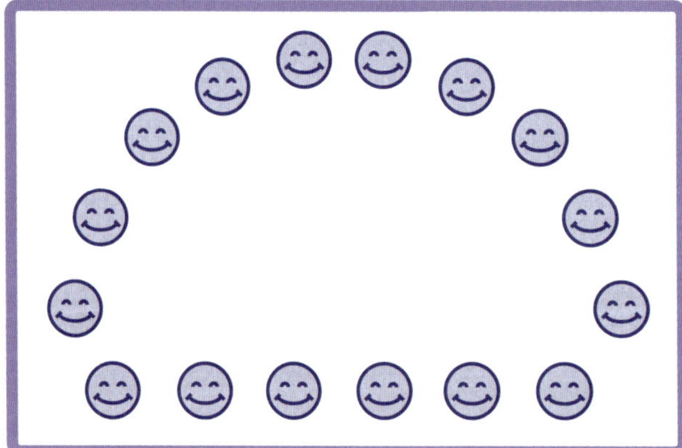

„Im Kreis" (bzw. auch „Ellipse")

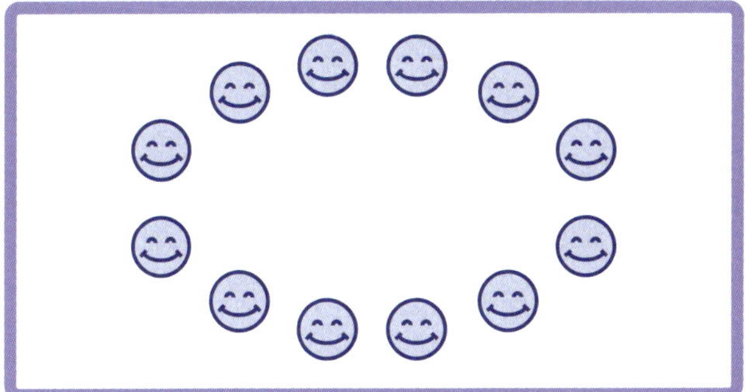

„Pyramide" (auch auf Podesten unterschiedlicher Höhe)

„Sechseck"

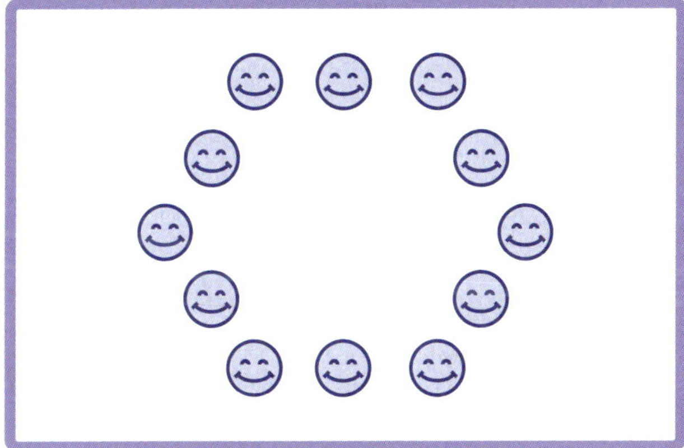

Ebenso ist es natürlich auch möglich, sich auf der Bühne „ungeordnet" zu verteilen und zu spielen.

Tipp: Verschiedene Möglichkeiten vorab ausprobieren und dann dem entsprechenden Percussion-Arrangement zuordnen; Auftrittsorte (Bühne, Zuschauerraum) berücksichtigen!

Percussionensemble-Arrangements und Hinweise zur Umsetzung

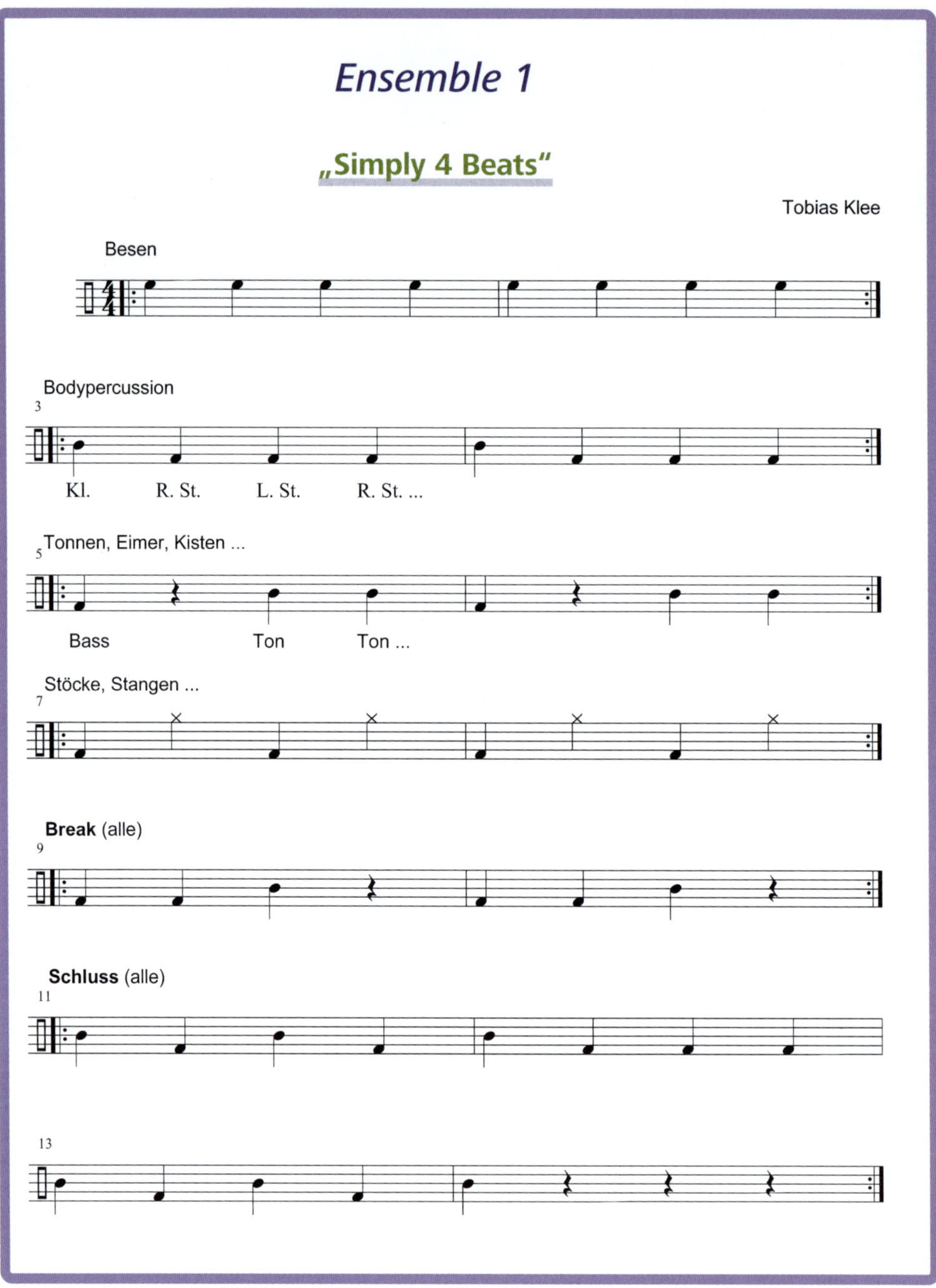

95 bpm

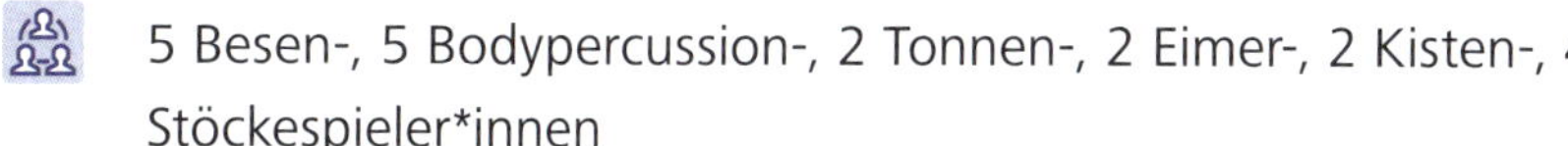

5 Besen-, 5 Bodypercussion-, 2 Tonnen-, 2 Eimer-, 2 Kisten-, 4 Stöckespieler*innen

Die „Besen" *(Ensemble 1)* betreten (mit bzw. in ihrem Rhythmus) nacheinander die Bühne und stellen sich in einer Reihe auf. Hinzu kommen die „Bodypercussion"-Spieler*innen und stellen sich (während sie ihren Rhythmus spielen) „auf Lücke" hinter die Besenspieler*innen. Danach betreten die Tonnen-, Eimer- und Kisten- bzw. Cajonspieler*innen die Bühne. Die Tonnen, Eimer und Kisten sollten vorher auf der Bühne im Halbkreis bereitgestellt werden und grenzen somit den Spielraum ab. Die Trommelspieler*innen betreten beim „Auftritt" also ohne Instrument die Bühne. Sie setzen erst auf ein gemeinsames optisches oder akustisches Zeichen der Lehrkraft (z. B. 4-mal im Puls des Rhythmus pfeifen) ein. Als letzte Gruppe betreten die „Stöcke" spielend die Bühne und platzieren sich hinter der Bodypercussion-Gruppe bzw. vor die „Tonnen-, Eimer-, Besengruppe" (Spielpositionen: „Hintereinander auf Lücke" und „Halbkreis").

Tipp: Übrigens können die „Tonnen" ihren Rhythmus aufteilen – v. a. bei verschiedener Größe bzw. unterschiedlichem Sound. Beispiel: Tonne 1 spielt immer die „1" (Bass), Tonne 2 spielt die „3" und „4" (Ton-Ton). Der weitere Spielverlauf folgt den oben genannten allgemeinen Spielhinweisen. Der Schluss kann 2-mal gespielt werden – also insgesamt 8 Takte.

Rhythmus-Ensemble

„Simply 4 Beats"-Grund-Grooves als Punktsysteme für „Notenunkundige" (Beispiel zur grafischen Veranschaulichung)

Legende: Kl. = klatschen, St. = stampfen, R. = rechts, L. = links,
BA. = Bass, TO. = Ton

● = Schlag ausführen (kehren, klatschen, stampfen, Stange auf Boden)

✖ = Stock an Stange

Besen:

Zählweise:	KA	LI	ME	RA
Spieleinsatz:	●	●	●	●
Ausführung:	vor	zurück	vor	zurück

Bodypercussion:

Zählweise:	1	2	3	4
Spieleinsatz:	●	●	●	●
Ausführung:	Kl.	R. St.	L. St.	R. St.

Tonnen, Eimer, Kisten:

Zählweise:	1	2	3	4
Spieleinsatz:	●		●	●
Ausführung:	BA.		TO.	TO.

Stöcke, Stangen:

Zählweise:	1	2	3	4
Spieleinsatz:	●	✖	●	✖
Ausführung:	Stange auf Boden	Stock an Stange	Stange auf Boden	Stock an Stange

Ensemble 2

„Stomp 4 all"

Tobias Klee

Besen

Tonnen 1 und 2

3

T 1 T 2 T 2 T 1 T 2 T 2

Stöcke

5

Eimer

7

Holzkisten (Cajon)

9

Break 1 (alle, einen Takt: Schweiß von der Stirn abwischen und „Puuuhhh" stöhnen, danach **Groove** weiter)

Break 2 (alle)

11

alle

Break 3 (alle)

Tonnen, Kisten, Eimer Stöcke, Besen

Schluss

13

15

108 bpm

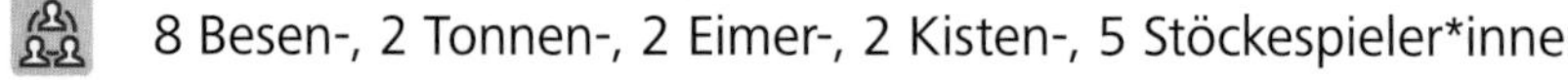

8 Besen-, 2 Tonnen-, 2 Eimer-, 2 Kisten-, 5 Stöckespieler*innen

Bei der **Erarbeitung** dieses Arrangements *(Ensemble 2)* sollte man vorab einige Zeit auf die Groovearbeit verwenden. Der Groove wird so aufgebaut: 1. Besen spielen das Microtiming, 2. Tonnen spielen den Puls, 3. Stöcke spielen Akzente, 4. Eimer und Cajones ergänzen den Groove mit entsprechenden Rhythmen. Läuft der Grund-Groove sicher, werden Breaks, Intro und Schluss erprobt.
Jetzt kann die **Choreografie** entwickelt werden. Die Instrumentalist*innen betreten nacheinander „spielend" – wie bei der Erarbeitung geprobt – (*in* bzw. *mit* ihrem Rhythmus) die Bühne (s. o.). Dabei kann die Lehrkraft beim „Einmarsch" (hinter der Bühne bzw. vor dem Zuschauerraum) jedem*jeder Spieler*in noch mal kurz seinen*ihren Rhythmus „vorsingen" und danach „spielend" auf die Bühne schicken. Der **Groove** wird somit nacheinander „aufgebaut".

Bei **Break 1** wird ein Takt pausiert. An dieser Stelle wischen sich die Spieler*innen „den Schweiß" von der Stirn und stoßen einen entsprechenden „Stöhnlaut" aus („UUaaahhhh"). Danach spielen alle ihren Rhythmus weiter.

In **Break 2** tragen alle Spieler*innen den gleichen Break-Rhythmus vor.

Tipp: Die „Stöcke" stoßen beim Spielen des Breaks auf den Boden auf, die „Besen" setzen die Besenkanten ein und die „Cajones" spielen den „Bass". In **Break 3** spielen „Tonnen", „Eimer" und „Cajones" die ersten beiden Viertelnoten (untere Notenlinienreihe), die Stöcke (Stock an Stock anschlagen) und Besen (Akzente mit der Besenkante) spielen die beiden Achtelnoten und die letzte Viertelnote (mittlere Notenlinie).

Der **Schluss** wird wieder von allen gemeinsam gespielt.

Ensemble 3

„Ramba Samba"

Tobias Klee

Einstieg/Break/Schluss (alle spielen unisono)

3

Groove (wird nach dem Intro durchgehend gespielt - bis zum gemeinsamen Schluss)

5 Besen (immer die „1" akzentuieren)

Plastiktüten (z.B. Mülltüten wie einen „Shaker" einsetzen und „Reibebewegung" ausführen)

7

Stöcke/Stangen

9 „Stock an Stange"

„Stange auf Boden"

Tonne 1 und 2 (mit Filzschlägeln bespielt)

11

T 1 („hoch")   T 2 („tief")

Eimer (mittlere Größe)

13

Kleine Töpfe, Schüsseln (mit Trommelstock oder Bambusstab bespielt)

15

115 bpm

4 Besen-, 4 Plastiktüten-, 2 Tonnen-, 2 Eimer-, 4 Kunststofftöpfe-, 4 Stöckespieler*innen

Bei der **Choreografie** dieses Stückes *(Ensemble 3)* beginnen alle Instrumentalist*innen auf der zugehörigen Spielposition (z. B. „Sechseck“) gemeinsam mit dem Einstiegsrhythmus, der übrigens auch als Break und Schlussfigur dient. Nach dem Einstieg spielen alle ihre Grooverhythmen parallel. Dies muss vorab wieder seperat einstudiert werden (vgl. Hinweise zu Ensemble 2).

Tipp 1: Auch dieses Arrangement kann um weitere Grooves und Breaks ergänzt und das Tempo allmählich erhöht werden.

Tipp 2: Bei den „Plastiktüten“ empfehle ich, die Tüten zunächst als Vorübung gleichmäßig vor- und zurückzureiben. Später können dann die Akzente eingeübt werden. Statt der Plastiktüten kann man auch selbst gebaute Rasseln verwenden.

Tipp 3: Interessant wirkt es, wenn die Lehrkraft nach einem Break zunächst nur eine (oder zwei) Instrumentalgruppe(n) weiterspielen lässt und dann nach und nach die anderen Instrumente wieder „einzählt“. Dazu muss vorher ein Zeichen vereinbart werden. Die Lehrkraft könnte z. B. eine*n Spieler*in anschauen und die „Arme überkreuzen“ als Zeichen dafür, dass diese*r nach dem nächsten Break nicht mehr mitspielt, sondern erst wieder, wenn er*sie von der Lehrkraft optisch (z. B. durch Blickkontakt) und akustisch (z. B. 4-mal pfeifen) in den Groove „eingezählt“ wird.

Tipp 4: Die Lehrkraft könnte auch vorab ein Break-Zeichen mit den Spieler*innen vereinbaren (z. B. V-Zeichen mit den Fingern), bei dem nur einige Spieler*innen ihren Groove weiterspielen, bis die Lehrkraft die restlichen Mitspieler*innen wieder einzählt. Ebenso können auch Zeiten für Soli vereinbart werden (v. a. zur Differenzierung bei fortgeschrittenen Spieler*innen).

Ensemble 4

„Happy Hip-Hop"

Tobias Klee

Einstieg/Groove

Besengruppe 1 Besengruppe 2

3 Plastiktüten/Shaker

5 Tonnen 1 und 2 und/oder Kisten (Cajon)

T 1 T 1 T 2 T 1 T1 T1 T1 T2

7 Stöcke, Stäbe, Stangen ...

9 Kleine Plastikbecher, -schüsseln oder Eimer (mit Stöckchen oder Händen)

Break und Schluss

11 2-mal

alle „hohen" Instrumente

alle „mittleren" und „tiefen" Instrumente

125 bpm

6 Besen-, 4 Plastiktüten-, 2 Tonnen-, 2 Schüssel-, 2 Kisten-, 4 Stöckespieler*innen

Um das **„echte" Hip-Hop-Gefühl** zu erreichen *(Ensemble 4)*, sollte phrasiert gespielt werden. Das heißt, die normalen Achtelnoten werden als triolische Achtelnoten aufgefasst, also etwas „gedehnt", aber auch beschwingter interpretiert. Das Stück wird insgesamt leicht triolisch gespielt. In diesem Arrangement kann der **Groove** wieder nacheinander aufgebaut (vgl. Ensemble-Stücke 1 und 2) oder auch direkt gemeinsam begonnen werden. Bei letzterer Möglichkeit stehen alle Instrumentalist*innen vor Beginn auf ihrer Position und beginnen auf ein Zeichen die Lehrkraft mit ihrem Rhythmus. Das **2-taktige Rhythmuspattern für die Tonnen** wird auf eine „tief klingende" Tonne 1 und eine „höher klingende" Tonne 2 aufgeteilt. Bei **Break** und **Schluss** (2-mal derselbe Rhythmus!) spielen alle „hohen" Instrumente (wie z. B.: Plastikschüsseln, Plastiktüten, Besen etc.) die Notenwerte auf der „1" und „2". Alle „mittleren" und „tiefen" Instrumente (wie z. B. Tonnen, Stöcke, Kisten etc.) spielen auf der „3" und „4".

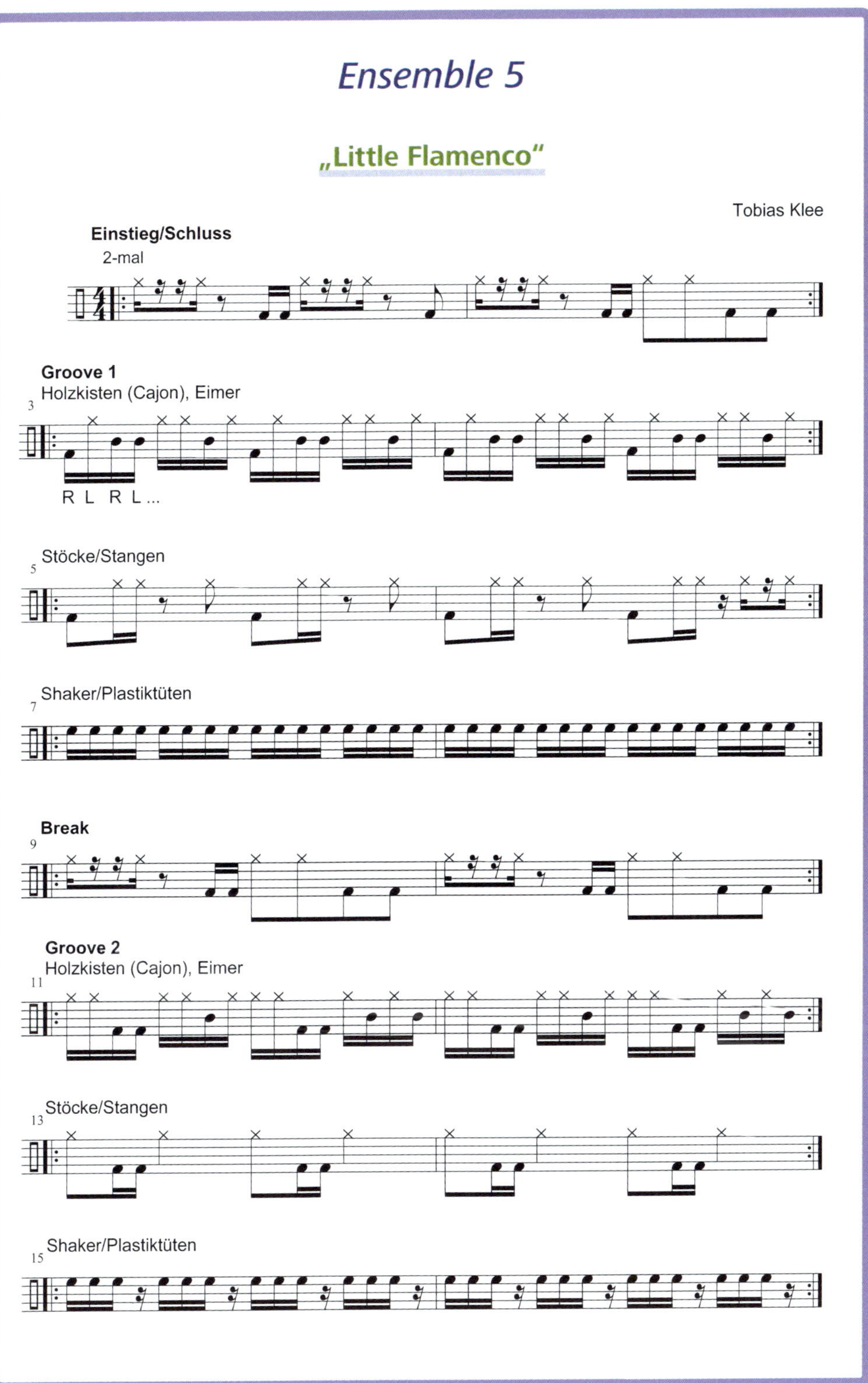
Ensemble 5
„Little Flamenco“
Tobias Klee
Einstieg/Schluss
2-mal
Groove 1
Holzkisten (Cajon), Eimer
R L R L ...
Stöcke/Stangen
Shaker/Plastiktüten
Break
Groove 2
Holzkisten (Cajon), Eimer
Stöcke/Stangen
Shaker/Plastiktüten

70 bpm

4 Holzkisten-, 4 Eimer-, 4 Stöcke-/Stangen-, 4 Plastiktütenspieler*innen

In diesem **komplexeren, spanisch angehauchten Rhythmus** *(Ensemble 5)* stellen v. a. der gemeinsame Einstieg und der Break eine Herausforderung dar. Daher sollten geübtere Spieler*innen diese Parts übernehmen. Auch der **Cajon-Rhythmus** besteht nicht nur aus „Bass"- und „Ton"-Schlägen, sondern auch aus leiseren „Tip"-Schlägen. Diese kaum hörbaren Zwischenschläge werden durch „Kreuzchen-Noten" dargestellt.
Einstieg und **Schluss** bzw. auch der **Break** enthalten ebenfalls „Tip"-Noten. Diese werden von Cajon- und Eimerspieler*innen als leise „Tip"-Noten ausgeführt. Die Stöcke-/Stangenspieler*innen setzen sie jedoch als „Trommelstock gegen die Stange" um. Die Noten, die auf der unteren Notenlinie notiert sind, werden als „Bass" (Cajones und Eimer) bzw. „Stange auf Boden aufstoßen" interpretiert. Die Plastiktüten spielen den gesamten Einstiegs-, Break- und Schlussrhythmus durch entsprechendes Vor- und Zurückreiben mit.

Ensemble 6

„1-2-3"

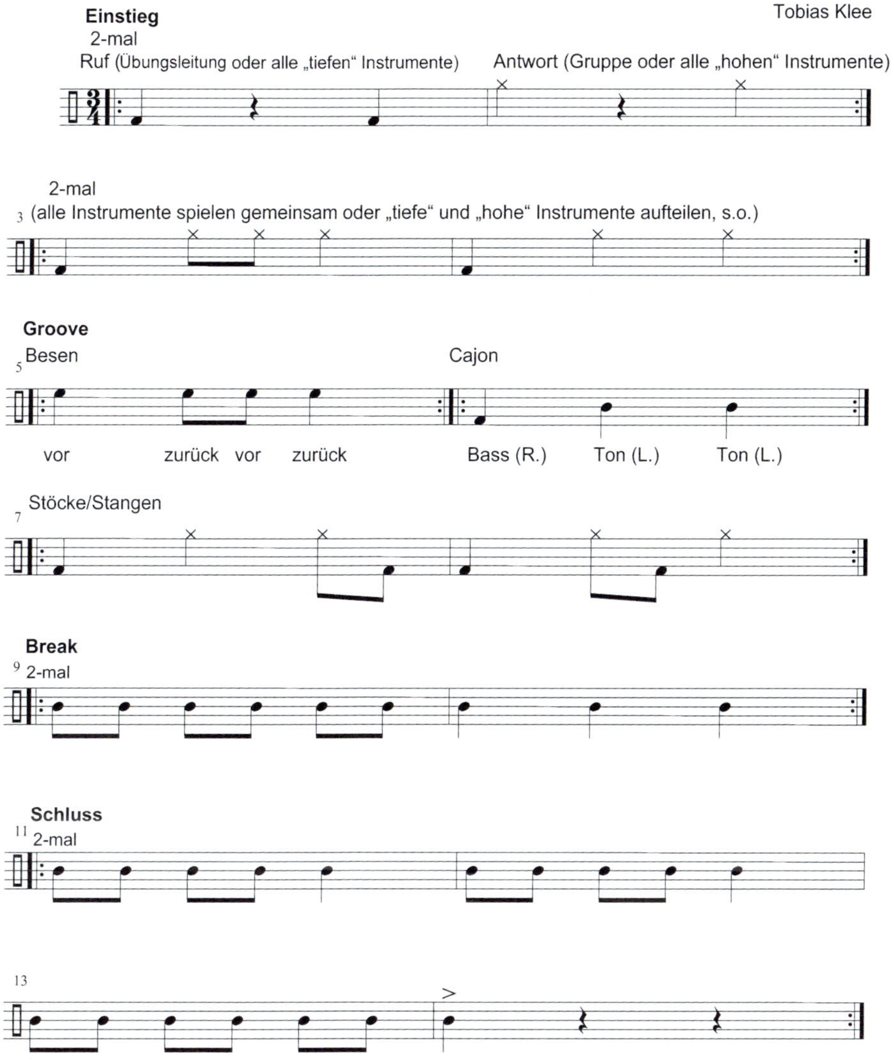

Tobias Klee

Einstieg
2-mal
Ruf (Übungsleitung oder alle „tiefen" Instrumente) Antwort (Gruppe oder alle „hohen" Instrumente)

2-mal
3 (alle Instrumente spielen gemeinsam oder „tiefe" und „hohe" Instrumente aufteilen, s.o.)

Groove
5 Besen — Cajon

vor zurück vor zurück — Bass (R.) Ton (L.) Ton (L.)

7 Stöcke/Stangen

Break
9 2-mal

Schluss
11 2-mal

13

120 bpm

8–10 Besen-, 4 Cajon-, 5 Stangenspieler*innen

In diesem Notenbeispiel *(Ensemble 6)* präsentiere ich ein Percussion-Arrangement mit 3/4-Takt. Der **Einstieg** erfolgt über „Ruf" und „Antwort", d. h., die Lehrkraft spielt den ersten Takt und die Gruppe antwortet mit dem zweiten Takt der Einstiegsform. Dies wird zweimal gespielt. Danach wird Takt 3 und 4 der Einstiegsform von allen Instrumenten gemeinsam gespielt (auch zweimal). Dabei wird die „tiefe" Note von den Cajones als „Bass"-Ton und von den Besen und Stangen durch einen Stoß auf den Boden (Besenkante) interpretiert. Die „hohen" Noten im Einstieg (Kreuzchen) werden von den Besen „gekehrt", von den Stangen als „Stock an Stange" interpretiert und von den Cajones als „Tip" gespielt. Bei **Break** und **Schluss** können bei den jeweiligen Instrumentalgruppen verschiedene Sounds erprobt werden.

Ensemble 7

„Broom-Sticks"

Tobias Klee

Einstieg/Groove 1
Besengruppe 1

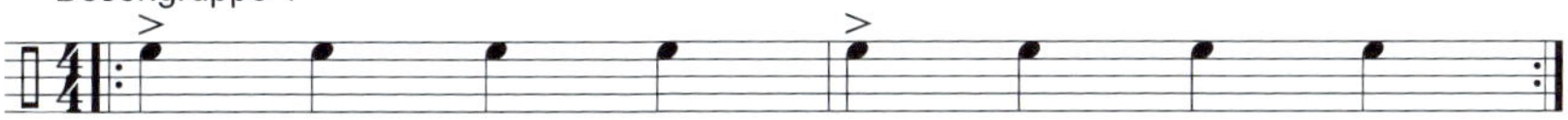

Besengruppe 2

3

Break (während der Pause: Besen drehen!)

5

Groove 2 (alle Besen)

7

Schluss

9

11

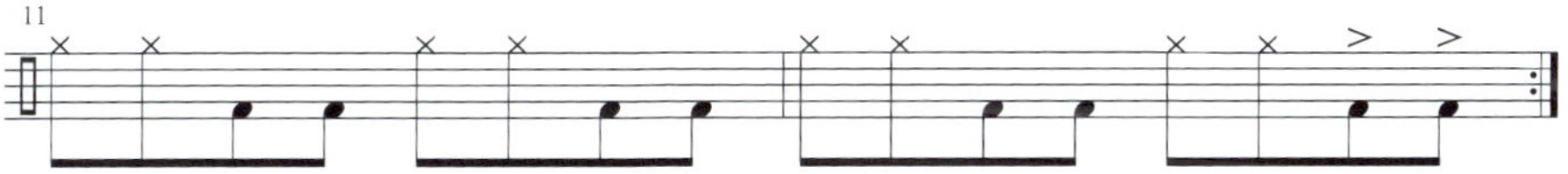

110 bpm

10 Besenspieler*innen (zwei 5er-Gruppen)

Dieses Stück *(Ensemble 7)* habe ich bewusst **für fortgeschrittene Besenspieler*innen** geschrieben. Eine besondere Hürde stellt das „Kehren" der Achtel-Offs („Achtel-**und**-Noten") dar. Zum **Einstieg** kann die Gruppe zunächst nacheinander die Bühne „kehren". Erst ein*e „Kehrer*in", dann ein*e zweite*r usw. Die Spieler*innen tragen dabei einen kürzeren Trommelstock – z. B. in einer Hosentasche – mit. Es wird dabei noch völlig frei und „echt" gekehrt, als wollte man den Dreck vom Bühnenboden fegen. Auf ein gemeinsames Zeichen hin formieren sich die beiden 5er-Gruppen (Tipp: Spielposition *„Hintereinander auf Lücke"* wählen) und spielen **Groove 1**. Gruppe 1 könnte auch zunächst vier Takte alleine spielen, bevor dann Gruppe 2 einsteigt. Die Akzente werden immer mit der Besenkante auf dem Boden hörbar gemacht.
Der **gemeinsame Break** wirkt (gut geprobt) spektakulär: Die beiden Achtelnoten („1 und") werden von allen gemeinsam „gekehrt", die Pause auf der zweiten, dritten und vierten Zählzeit wird dazu genutzt, die Besen einmal *gemeinsam* um die eigene Achse zu drehen. Diese Drehung sollten alle Mitspieler*innen möglichst synchron ausführen. Der Break wird zweimal gespielt, bevor alle in **Groove 2** einsteigen. Nach dem Groove erfolgt dann die **gemeinsame Schlussfigur**. **Tipp:** Geübte Besenspieler*innen können die Besendrehung auch, je nach Spieltempo bzw. Break-Länge, im gleichen Tempo *nacheinander* ausführen (z. B. immer zwei Spieler*innen gleichzeitig).

Ensemble 8

„Funky Sticks“

Tobias Klee

Einstieg/Groove 1
Stöcke/Stangen

Shaker/Plastiktüten
3

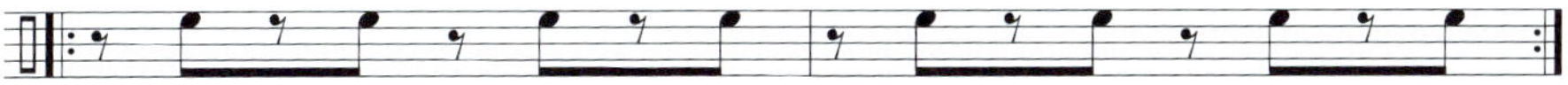

Break (leicht)
5

Break (schwer)

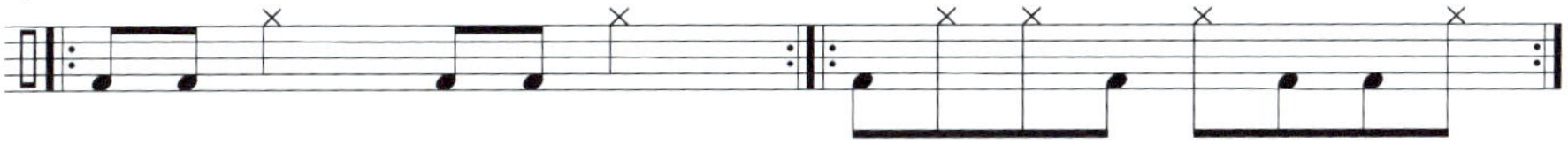

Groove 2
Stöcke/Stangen
7

Schluss (leicht)
9 2-mal

Schluss (schwer)
11 2-mal

90 bpm

5–10 Stöckespieler*innen

Auch an dieses Stück *(Ensemble 8)* sollten sich eher **fortgeschrittene Spieler*innen** heranwagen, die das Stock- bzw. Stangenspiel schon sicher beherrschen. Gerade für Groove 1 und 2 brauchen Spieler*innen einige Zeit, um die Rhythmen koordinativ zu erfassen und „sauber" umzusetzen. Für den **Einstieg** (mit Groove 1) schlage ich folgende **Gestaltungsmöglichkeit** vor: Die Gruppe stellt sich im Kreis auf (Gesichter zueinander bzw. ins Kreisinnere). Nach einem Zeichen der Lehrkraft (z. B. viermal pfeifen) spielt die Gruppe **Groove 1** leise vier Takte auf der Stelle. Danach bewegt sie sich gegen den Uhrzeigersinn, im Grundpuls gehend (R – L – R – L etc.), im Kreis. Der Rhythmus wir dabei weitergespielt. Auch dies wird vier Takte ausgeführt. Nun noch eine Steigerung: Der „Stock-an-Stange-Schlag" auf die Zählzeit „4" wird nun immer bei dem*der rechten Nachbar*in ausgeführt, während die Zählzeit „2" weiterhin auf dem eigenen Stock gespielt wird. Nachdem die Spieler*innen den Rhythmus wiederum vier Takte lang auf diese Weise vorgetragen haben, öffnet sich der Kreis. Die Gruppenmitglieder stellen sich nun in einer Reihe auf, während Groove 1 immer weitergespielt wird.
Auf ein Zeichen der Lehrkraft erfolgt ein **„leichter" oder „schwerer" Break** (s. Notenbeispiel). Danach wird **Groove 2** gespielt. Auch beim **Schluss** kann, je nach Spielstärke, eine der angebotenen Varianten ausgewählt werden.
Tipp 1: Auch bei Groove 2 kann der vierte „Stock-an-Stange-Schlag" (also die dritte Sechzehntel-Note der dritten Zählzeit) am Stock des*der rechten Nachbar*in gespielt werden.
Tipp 2: Ebenso können bei den Breaks einige Noten so gestaltet werden, dass zwei Nachbar*innen ihre Stangen über Kreuz gegeneinanderschlagen.

Ensemble 9

„Rappelkisten-Rap"

Tobias Klee

Einstieg und Break

Groove

Kisten (Cajon) und Eimer

Tonnen

T1 T2 T1 T2 ...

Kehrbleche (mit Sticks oder Bürste bespielen!)

Schluss

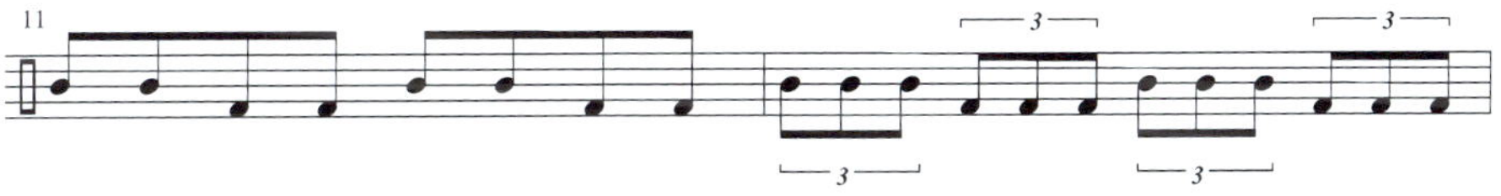

110 bpm

5–10 „Holzkisten"-/Cajones-Spieler*innen, 2 bis 4 Tonnenspieler*innen (davon zur Hälfte „tiefe" und zur anderen Hälfte „hohe" Tonnen), 2 Kehrblechspieler*innen (mit Kehrbürsten)

Der **„Rappelkisten-Rap"** (Ensemble 9) sollte auch leicht phrasiert gespielt werden bzw. leicht triolisch klingen.
Ich möchte in diesem Notenbeispiel zeigen, dass es möglich ist, recht differenziert zu arbeiten. **Cajon- und Kehrblech-Rhythmus** sind recht anspruchsvoll. Die **Tonnen-Rhythmen** können jedoch auch von „Einsteiger*innen" gespielt werden. Der Tonnen-Rhythmus kann dabei von allen Tonnen als „Bass" und „Ton" interpretiert bzw. gleichzeitig gespielt werden oder zwischen zwei Tonnengruppen (T1 = „tiefe Tonnen" und T2 = „hohe" Tonnen) aufgeteilt werden. Beim **Break** können die Tonnen „mitspielen" oder einfach den Viertelpuls durchschlagen.

Ensemble 10

„Schrottplatz“

Tobias Klee

Einstieg (gemeinsam, alle Instrumente wirbeln wild durcheinander – bis zum Zeichen der Spielleitung!)

Groove

Kisten (Cajon), Eimer, Tonnen

3

Stöcke/Stangen

5

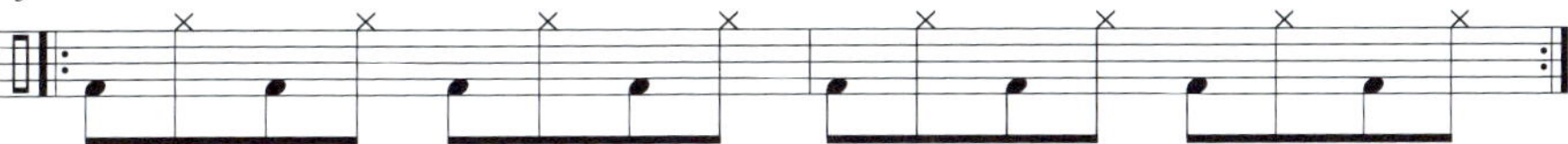

(Kehr-)Bleche, Alu-Leiter (Sprossen), Radfelgen etc. (mit Trommelstöcken o. ä. bespielen!)

7

Break

9

Schluss

11

13

70 bpm

Kisten-, Eimer-, Tonnen-, Blech-, Leiterspieler*innen etc.

In diesem letzten Stück (Ensemble 10) vor der Zugabe möchte ich gar nicht viel vorgeben. Das Stück heißt „Schrottplatz". Entsprechend eignen sich Autobleche, ausrangierte Verkehrsschilder, Haushaltsleitern, Fässer, aber auch große Regentonnen, Holzkisten etc. dazu, das Stück zu interpretieren. Je farbenfroher und unterschiedlicher die Spielgegenstände bzw. die Choreografie, desto bunter der Sound. Einfach ausprobieren!
Auch bei diesem Stück habe ich **Rhythmen für Fortgeschrittene und Einsteiger*innen** gleichermaßen berücksichtigt. Somit lässt sich auch hier differenziert arbeiten.
Tipp: Übrigens können Tonnenspieler*innen die großen Mülltonnen (statt des „Ton-Schlages") auch gegen die Seiten anschlagen oder den Tonnendeckel – falls vorhanden – auf die Mülltonnen aufschlagen.

Ensemble 11

„Mülleimer“ oder „Klassenkasper“

Tobias Klee

Einstieg/Groove (Mülleimer auf der Bühne ausleeren,
Spieler*innen nehmen nach und nach die „Instrumente“)

Zeitung (1 oder 2 Spieler*innen – Rhythmus dann aufgeteilt)

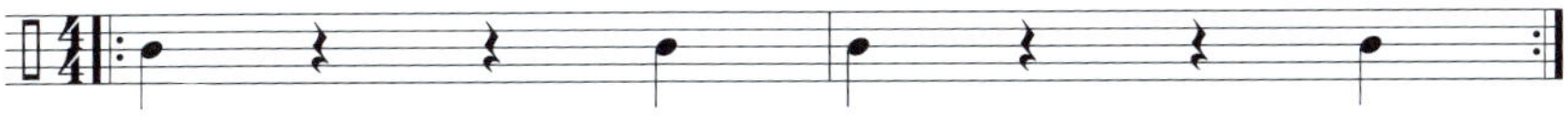

3 Plastiktüte (reiben) oder Rassel

5 Blechbüchse (mit Holzstab)

7 Plastikbecher (mit Löffel) Mülleimer

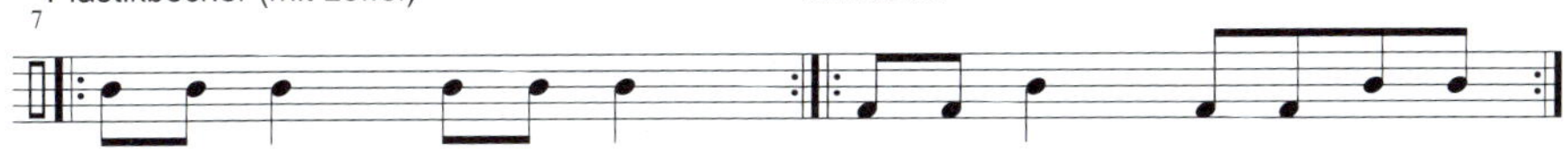

9 Plastikflasche oder Kunststoffrohr mit „Rillen“ (mit Stäbchen reiben)

11 **Break** (mit Soli in den Pausen)

13

15 **Schluss** (nach dem Schlussakzent: alle Gegenstände auf den Boden fallen lassen
und wieder „zusammenkehren“)

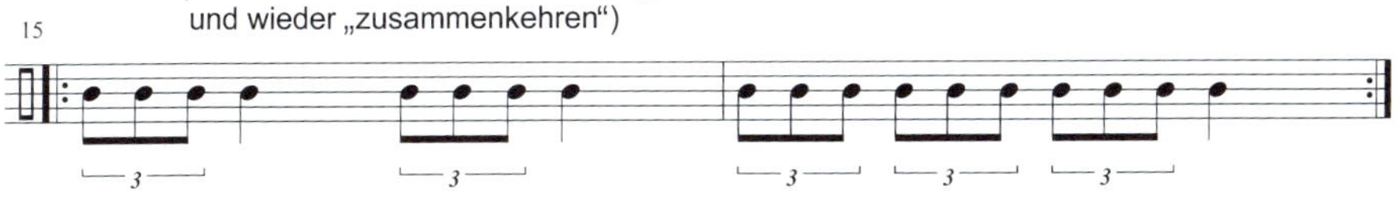

100 bpm

verschiedene Gegenstände (s. Notenbeispiel), variable Spieleranzahl

Dieses Percussion-Arrangement *(Ensemble 11)* kann **auf zwei Arten** gespielt werden: entweder mit den hier vorgeschlagenen Alltagsgegenständen oder mit „Instrumenten" aus dem Klassenzimmer. Ich werde zwei Varianten vorstellen und möchte somit zeigen, dass die hier von mir entwickelten Ensemblepartituren ohne Probleme auch mit **verschiedenen Instrumenten** interpretiert werden können – sogar innerhalb des Klassenzimmers. Einfach kreativ sein und ausprobieren!

Variante 1 – „Mülleimer":
Ein Mülleimer wird auf die Bühne getragen und ausgeleert.
„Passant*innen"/Spieler*innen kommen auf die Bühne. Sie sehen sich den Müllberg an. Der*die Zeitungsspieler*in nimmt sich die Zeitung, setzt sich irgendwo auf die Bühne und „spielt" seinen*ihren Rhythmus, indem er*sie rhythmisch mit der aufgeschlagenen Zeitung „raschelt" oder draufschnippt. Die nächsten Spieler*innen (vgl. Reihenfolge im Notenbeispiel) ergreifen nach einigen Takten (vorab festlegen) ihre Instrumente und spielen (im Bühnenraum verteilt) ihren Rhythmus. Nach und nach wird der Groove ausgebaut. (Übrigens: Wenn es sich beim Mülleimer um einen Mülleimer mit Deckel handelt, kann man hier auch den Deckel, statt „Ton", auf- und zuklappen.)
Der Break lässt diesmal genügend Interpretationsfreiheit, um während der Pausen einzelne (fortgeschrittene) Spieler*innen solieren zu lassen (z. B. mit Rhythmen bzw. Breakabschnitten aus der Rhythmusfundgrube). Nach dem Schlussakzent lassen alle Mitspieler*innen ihre Gegenstände auf den Boden fallen. Ein*e „Besenkehrer*in" betritt die Bühne und kehrt alles zusammen – auch ein schöner Übergang, um ein Besenstück einzuleiten!
Eine andere Schlussvariante: Die Spieler*innen hören in umgekehrter Reihenfolge auf, zu spielen, in der sie begonnen haben, und werfen ihre Gegenstände wieder in den Mülleimer. Übrig bleibt der*die Zeitungsleser*in, der*die auch den Mülleimer wieder von der Bühne trägt.

Variante 2 – „Klassenkasper" (Instrumentenvariante):
Hier können folgende Instrumente ausgetauscht werden:

- Zeitungs-Rhythmus → Schulbuchseiten oder Schulblock „blättern"
- Plastiktüten-Rhythmus → mit Fingernägeln über die Schulbank reiben
- Blechbüchsen-Rhythmus → mit den Händen oder Stiften auf dem Etui trommeln
- Plastikbecher-Rhythmus → mit den Händen auf der Schultasche trommeln
- Mülleimer-Rhythmus → auf Stuhl und/oder Bank trommeln
- Plastikflaschen-Rhythmus → Plastiklineal am Rand der Schulbank federn lassen oder Kreidestriche an die Tafel malen

Natürlich sind auch hier weitere Sounds und Materialien denkbar, die sich zur Umsetzung des Grooves eignen. Auch gilt wieder, sich Zeit zu nehmen und entsprechende Sounds und geeignete „Spielgeräte" zu erproben.
Viel Spaß beim kreativen Grooven!

Exkurs und Zusatz-Spielimpuls

In Video 16 ist ein 4er-Grundpulsschlag (Vier-Vierteltakt, Zählweise: KA-LI-ME-RA oder 1-2-3-4 ...) im Tempo 60 (= 60 „Schläge pro Minute"), in Video 17 ist ein 3er-Grundpulsschlag (Drei-Vierteltakt, Zählweise: KA-LI-ME oder 1-2-3 ...) im Tempo 60 jeweils eine Minute lang zu hören und zu sehen. Diese beiden Videos eignen sich bestens als „Grundlage" für all die im Buch vorgestellten Übungen – je nach Pulsgruppe bzw. Taktart. Der Grundpuls kann damit gehört sowie gesehen werden und hilft beim langsamen Erarbeiten bzw. Verinnerlichen des eigenen Puls-, Tempo- und Rhythmusgefühls. Ebenso könnte man mit ausgewählten Übungen (s. u.) eine „Rhythmusstunde" beginnen und/oder beenden.

Hier ein kompakter kleiner „Rhythmusworkshop" – zum Einsteigen, Wiederholen und Auffrischen bzw. analog zu den beiden Videos zum „Mit-spielen":

- Den Grundpuls analog zum Video mitsprechen bzw. -zählen
- Den Grundpuls mitsprechen und gleichzeitig mitklatschen (danach stampfen, patschen, schnipsen)
- Den Grundpuls gleichzeitig klatschen und stampfen (rechts – links – rechts – links...)
- Den Grundpuls nacheinander klatschen und stampfen (oder schnipsen oder patschen)
- Den Grundpuls auf die Oberschenkel abwechselnd patschen (rechts – links – rechts – links ...)
- Den Grundpuls auf einer „Trommel" (Eimer, Tonne, Djembe, Cajon ... mit Händen und/oder Stöcken) mit verschiedenen Handsätzen (s. S. 80) spielen
- Den Grundpuls mit der Basis-Spielbewegung für Besen (Stöcke ...) mitspielen
- Die Rhythmusbausteine (S. 66 zu Video 16 bzw. S. 67 zu Video 17) bzw. die Noten-/Rhythmuspyramide (S. 64) zum Grundpuls mit dem Körper bzw. mit verschiedenen Percussioninstrumenten „spielen"
- erarbeitete Percussionrhythmen und Arrangements zum Grundpuls spielen, zum „Grooven" bringen; Soundvarianten, „Pausen" und „Akzente" etc. einbauen
- Zum Grundpuls „improvisieren" bzw. „solieren" (mit den bisher erarbeiteten „Rhythmusbausteinen" als Grundlage)

16 

17 

[16] Link: cloud.verlagruhr.de/lerninhalt/JonxPDU18TPC/
[17] Link: cloud.verlagruhr.de/lerninhalt/VLyEBQ3MvUJe/

Glossar

Akzent: Um bestimmte Noten akustisch hervorzuheben, werden sie etwas lauter bzw. betonter vorgetragen. (Zeichen: „>")

Basstrommel (engl. „Bassdrum"): Die große „Basstrommel" gehört zum Drumset (s. u.). Der*die Schlagzeuger*in bedient sie mit einem Fußpedal.

Boomwhackers: Das sind bunte Plastikrohre, mit denen sich (abhängig von der Länge) unterschiedliche Töne erzeugen lassen, wenn man sie auf die Hand, ans Bein etc. schlägt.

bpm („beats per minute"): *s. Metronom*

Break: Die kurzzeitige „Unterbrechung" eines Rhythmus, Grooves oder musikalischen Arrangements heißt „Break". Ein Break erstreckt sich meist über 1 bis 2 Takte. Mit dem Begriff Break wird aber mitunter auch eine solistische Einlage bezeichnet.

Cabasa: Die moderne Version dieses Percussioninstruments besteht aus einem Holz-Handgriff mit zylinderförmigem Kopfteil und einem umliegendem Profilblech. Um das Blech ist ein Netz aus Metallperlen gespannt. Durch das Hin- und Herdrehen des Perlennetzes entstehen feinperlige, rauschende Klänge. Es gibt auch Ausführungen aus Kürbis (Kürbisrassel).

Cajon (span. „Holzkiste"): Dieses aus Südamerika stammende Percussioninstrument (*sprich:* „Kachon"), wurde bei uns v. a. in den 1970er-Jahren durch die Flamencomusik bekannt. Verschiedene Percussion-Sounds sind damit umsetzbar.

Call and Response: Das „Call and Response"- oder „Ruf-und-Antwort"-Prinzip entstammt der afroamerikanischen Musik und ist schon in Spirituals und Gospels verwendet worden. Der Begriff bezeichnet den Wechselgesang zwischen einem*einer Sänger*in, der*die „ruft", und einem Chor, der „antwortet". Das Wechselspiel kann auch zwischen Sänger*in und Instrument oder Instrumenten untereinander stattfinden.

Clave: Diese rhythmische „Schlüsselfigur" wird meist von den „Claves" (Klanghölzern) gespielt. Sie ist oft Bestandteil der lateinamerikanischen Musik und hilft den Musiker*innen, den Grundpuls zu fühlen bzw. zu zählen.

Crashtones: Durch bestimmte Spielweisen lassen sich auf verschiedenen Percussioninstrumenten „Crashtones", also einer Snare (s.u.) ähnliche Sounds erzeugen. Beim Cajon wir dazu z. B. am oberen Rand des Instruments gespielt.

Djembe: Diese kelchförmige Trommel aus Holz ist meist mit Ziegenhaut bzw. „Leder" bespannt und stammt aus Westafrika. Sie ist gewöhnlich ca. 60 cm hoch, wobei ihr Fell einen Durchmesser von ca. 30 cm hat. Die Djembe wird mit bloßen Händen bespielt.

Drumset (engl. für „Schlagzeug"): Das Drumset besteht aus verschiedenen Schlaginstrumenten. Folgende Kombination findet man dabei häufig: eine große „Basstrommel" (engl. „Bassdrum"), eine kleine Trommel (engl. „Snare"), verschiedene weitere Trommeln unterschiedlicher Größe (engl. „Toms"), die an speziellen Halterungen befestigt sind, eine „Hi-Hat" und weitere „Becken" (engl. „Cymbals") aus unterschiedlichen Metallen bzw. Metalllegierungen.

Dynamik: Veränderung der Lautstärke als musikalisches Gestaltungsmittel, wobei die Lautstärke entweder allmählich oder unvermittelt verändert werden kann.

Groove: Wenn ein oder mehrere Musiker*innen bzw. Rhythmiker*innen einen Rhythmus (oder mehrere Rhythmen) „mit Gefühl" im richtigen Tempo harmonisch zur übrigen Musik spielen, erzeugt dies eine „innere" Bewegung in uns – wir möchten uns zur Musik bewegen (z. B. „tanzen"): die Musik „groovt".

Guiro: Dieses Percussioninstrument hat eine längliche Form, ist innen hohl und besteht aus Holz. Über die geriffelte Oberfläche wird rhythmisch mit einem Holzstab gerieben.

Handsatzübungen: Mithilfe dieser Übungen können sich Schlagzeuger*innen oder andere Percussionist*innen vor dem Spielen aufwärmen. Sie trainieren damit Koordination und Unabhängigkeit (Verteilung der Rhythmen auf verschiedene Extremitäten), um einen flüssigen Bewegungsablauf umzusetzen.

Hi-Hat: Die Hi-hat besteht aus zwei Becken, die horizontal auf einem Ständer montiert sind. Über ein Fußpedal lassen sich diese Becken öffnen und aufeinanderschlagen (vgl. Drumset).

Metronom: Mit diesem mechanischen oder elektronischen Gerät können Musiker*innen üben, ohne Temposchwankungen einen gleich bleibenden Grundpuls einzuhalten. Das Tempo eines Stückes lässt sich auf dem Gerät einstellen, das die Grundpulsschläge durch ein akustisches (und manchmal zusätzlich optisches) Signal wiedergibt. Gemessen bzw. „gezählt" wird in „beats per minute" (bpm = Schläge pro Minute).

Pattern: Ein (Rhythmus-)Pattern ist ein sich wiederholendes rhythmisches Muster.

Percussion: Dies ist ein Sammelbegriff für Schlag- und Effektinstrumente. Percussioninstrumente stammen aus ganz verschiedenen Regionen der Erde: Afrika, Mittel- und Südamerika, Indien, Spanien, Asien etc. Die Wiege vieler Percussioninstrumente befindet sich in Afrika. Zu den Percussioninstrumenten gehören größere und kleinere Trommeln, die mit Händen oder Schlägeln bespielt (Fell- bzw. Holzschlagfläche) werden, z. B. Conga, Bongo, Surdo, Timba, Cajon, Timbales, Djembe, Darbuka etc., aber auch kleine Effektinstrumente und Geräuschmacher („Small Percussion"), wie: Shaker („Rasseln"), Cowbells („Kuhglocken"), Claves („Klanghölzer"), Triangel, Tambourin („Schellenkranz"), Guiro („Gurke") u. a.

Puls: Musikstücke oder Rhythmen haben meist einen durchgängigen, konstanten Puls oder Grundschlag, an dem sich die verschiedenen Rhythmen und rhythmischen Strukturen orientieren.

Rhythmus: Der Begriff stammt vom griechischen „rhythmós" ab und bedeutet so viel wie „fließen" oder „gegliederte Bewegung". Ein Rhythmus setzt sich aus verschiedenen Bausteinen zusammen: Grundpuls, Tempo, Taktart, Betonung etc. Rhythmen gliedern und strukturieren Musik: ohne Rhythmus – keine Musik. Grundlage eines jeden Rhythmus ist ein gleichmäßiger Puls (Grundschlag).

Shaker: Dieser Begriff bezeichnet bestimmte Percussioninstrumente: „Rasseln", die sich in ihrer Bauweise ähneln. Sie bestehen alle aus einem hohlen Korpus, der eine körnige Füllung enthält. Rhythmen lassen sich erzeugen, indem das Instrument mit der Hand geschüttelt („shake" = engl. schütteln, rütteln), gedreht oder auf andere Art bewegt wird. Shaker werden oft in lateinamerikanischen Musikstücken, aber auch im Bereich der Rock- und Popmusik eingesetzt.

Snare: Diese kleine Trommel gehört zum Drumset. Auf ihrer Fellunterseite sind dünne Metalldrähte (Schnarrseiten) gespannt, die einen „schnarrenden" Sound erzeugen.

Timing: Die Entwicklung des „Timings" („Tempo-Zeitgefühls") ist ein grundlegendes Ziel eines jeden Musikers bzw. einer jeden Musikerin. Jede*r Schlagzeuger*in muss in der Lage sein, das Tempo eines Rhythmus halten zu können, ohne schneller oder langsamer zu werden. Jeder Rhythmus sollte in verschiedenen Tempi beherrscht und ein „neuer" Rhythmus erst ganz langsam geübt werden (z. B. mit 50 bpm), um Timingsicherheit zu erlangen.